INVENTAIRE
F 34.973

Prix : 3 fr. 50

SOMMAIRE

DES

PROLÉGOMÈNES

DU

COURS DE DROIT CIVIL

FAIT A LA FACULTÉ DE DROIT DE DOUAI

PAR

DANIEL DE FOLLEVILLE

Avocat Plaidant à la Cour de 1915
Professeur de Code civil à la Faculté de Douai

PREMIER EXAMEN. — Introduction générale. — Titre préliminaire
(art. 1 à 6). — Titre premier du livre premier (art. 7 à 33).
Titre troisième du domicile (art. 102 à 111).

DOUAI
L. CRÉPIN, libraire-éditeur
23, rue de la Cloche.

PARIS
MÉNARD & DAVID, libraires
19, Boulevard St-Michel.

SOMMAIRE

DES

PROLÉGOMÈNES,

AVEC LE TITRE PRÉLIMINAIRE

Et les Titres I et III du premier Livre du Code civil.

(PREMIER EXAMEN.)

SOMMAIRE

DES

PROLÉGOMÈNES

DU

COURS DE CODE CIVIL

FAIT A LA FACULTÉ DE DROIT DE DOUAI

PAR

DANIEL DE FOLLEVILLE

Avocat à la Cour d'appel de Douai
Professeur de Code civil à la Faculté de Droit.

PREMIER EXAMEN.— Introduction générale.— Titre préliminaire (art. 1 à 6). -- Titre premier du livre premier (art. 7 à 34). — Titre troisième du domicile (art. 102 à 111).

DOUAI

L. CREPIN, libraire-éditeur
23, rue de la Madeleine.

PARIS	PARIS
MÉNARD & DAVID, libraires	E. THORIN, libraire,
49, Boulevard St-Michel.	7, rue de Médicis, 7.

1873.

AVANT-PROPOS.

La science juridique n'a pas seulement pour objet l'explication des textes : elle suppose surtout la recherche et la connaissance préalables du type idéal ou rationnel, auquel toute bonne législation doit être ramenée. Il n'est point permis à l'interprète des lois de s'incliner servilement devant la formule promulguée : il doit, au contraire, porter plus haut son esprit d'investigation, en essayant toujours de remonter aux principes, afin de dégager l'idée vraie du droit : *sursùm corda*.

Cette direction des études est indispensable, si l'on veut former, au sein des écoles, des jurisconsultes sérieux, c'est-à-dire des hommes, unissant au sens pratique le plus net la notion et le culte des règles primordiales de justice et de morale.

Il convient d'éclairer le droit par *l'histoire*, ce monument vénérable de la tradition des siècles, qui nous révèle l'origine, les progrès et la décadence des diverses institutions humaines, avec les causes génératrices de leurs plus importantes vicissitudes. Il faut contrôler la légitimité des lois par la *philosophie*, à laquelle il appartient, en plaçant le devoir à côté du droit, d'affirmer ce qui est bien, ce qui est vrai, au point de vue d'une détermination théorique et absolue. Il faut tenir compte enfin des développements de *l'économie politique*, cette science née d'hier et déjà si avancée dans sa formation, qui étudie les lois naturelles du capital et du travail, parlant aux hommes au nom de *l'utile*, comme la philosophie leur parle au nom du *vrai* et du *juste*, comme l'histoire leur parle au nom de *l'expérience*. La jurisprudence ne peut avancer sûrement dans la voie du progrès, qu'autant que ses maîtres prendront soin de puiser aux différentes sources que nous venons d'indiquer : autrement il resterait quelque chose d'incomplet et comme de découronné dans l'exposition du droit positif.

Il est également nécessaire, à notre avis, d'accorder une large place aux décisions des tribunaux, qui, sur beaucoup de points, forment aujourd'hui un dépôt si considérable de maximes et de documents importants. MM. les étudiants doivent s'accoutumer, dès le début, à se préoccuper sur chaque question, non-seulement des affirmations de la doctrine, mais encore de ce qui se juge au Palais, tout en réservant, pour tous les cas, la liberté absolue d'examen et de contrôle. L'éminent doyen de la Faculté de droit de

Caen, M. Demolombe, dit avec raison, dans la préface de son excellent Cours de Code civil (t. 1, p. iv et vii): « J'ai toujours déploré cette espèce de divorce que l'on remarque parfois entre la théorie et la pratique, et ces dédains réciproques qu'elles se témoignent si mal à propos de part et d'autre : comme si la théorie, étrangère aux progrès du temps et des mœurs, privée des enseignements de l'expérience, ne devait pas dégénérer bientôt en une vaine spéculation! comme si la pratique, sans méthode et sans règles, n'était pas autre chose, à son tour, qu'une pitoyable et dangereuse routine !... Rien n'est donc plus nécessaire et plus désirable que leur alliance, pour conserver à la science du droit son caractère essentiel, pour la maintenir dans sa voie, pour la diriger enfin vers le but marqué à ses efforts, c'est-à-dire vers un but d'application utile, positive et pratique, *ad usum communis vitæ*, (*Leibnitz Nova Methodus*); car tel est véritablement le droit, science active et militante, toujours en présence des faits qu'elle a pour mission de gouverner. Et voilà bien pourquoi les jurisconsultes se forment et s'éclairent, non moins que dans les livres, par l'observation attentive des mœurs et des besoins de la société, et de tous les intérêts comme de toutes les passions qui s'y agitent... — *Veram philosophiam, non simulatam affectantes!* (L. 1, § 1, ff. *de justitiâ et jure*). Je remarque d'ailleurs aussi, d'année en année, combien plus nos jeunes disciples apprécient la nécessité d'un enseignement qui leur permette de passer de l'Ecole au Palais, sans être obligés de recommencer, pour ainsi dire, leurs études, sans être exposés aux perplexités et aux découragements qui sont presque toujours les premiers fruits de cette instruction vague et abstraite, qui n'a rien appris de tout ce qui est et de tout ce qui se fait dans la réalité. » Nous ajouterons que cette union si désirable de la théorie et de la pratique est, au fond des choses, bien facile à réaliser : il suffit que le professeur, sans rien abdiquer d'ailleurs de son indépendance d'appréciation, prenne soin de préciser, à propos de chaque question controversée, et après l'avoir résolue avec une liberté complète, quel est l'état actuel de la jurisprudence pratique, par le renvoi à l'un des arrêts ou des jugements les plus récents.

Pour notre part, nous ne manquons jamais de le faire, en telle sorte que MM. les étudiants trouvent toujours, dans notre cours, à côté du développement doctrinal des difficultés juridiques, l'indication de la manière dont elles sont le plus habituellement tranchées par les tribunaux, — *series rerum perpetuò similiter judicatarum*. (L. xxxviii, ff. *de legibus*). Ce point forme même souvent l'objet de nos interrogations à l'époque des sessions d'examens. Nous indiquons, avec une particulière sollicitude, les décisions les plus importantes de la Cour d'appel de Douai, dans le ressort de laquelle la plupart de nos auditeurs doivent, plus tard, être appelés à exercer. Cette partie de notre tâche est singulièrement facilitée, du reste, par la publication régulière de la jurisprudence spéciale de cette Cour, grâce à l'activité de nos excellents confrères, M. Victor Théry et M. Léon Delcourt. Nous tenons à les remercier ici de la bienveillance avec laquelle ils ont daigné accueillir notre collaboration. Voyez notamment, dans le tome XXX, pag. 5 à 26, nos observations sur l'arrêt du 8 mars 1872.

Par le mode d'enseignement que nous venons d'esquisser, MM. les étudiants sont mis à même de pouvoir suivre pas à pas les progrès et l'application de la science à l'interprétation de laquelle la vie de la plupart d'entre eux doit être consacrée : et quand, eux et nous, nous nous retrouvons plus tard, au terme de leurs travaux d'école, dans la grande confraternité du barreau, nous avons la consolation et la joie d'avoir pu leur épargner plus d'un embarras, en les initiant au mouvement de la vie et des affaires, qui les saisit et les emporte bientôt.

Telles sont les convictions qui nous ont toujours animé et dirigé dans l'exposition publique des principes du Code civil, à laquelle nous sommes voué depuis huit années. Rechercher d'abord ce qui est rationnel, puis ce qui est légal en tenant un compte légitime de la tradition historique, enfin ce qui est pratique et économiquement utile, telle est notre préoccupation constante : et l'on trouvera la trace de ces pensées multiples à plus d'une page de cet humble *sommaire*, dont il nous reste à faire, en peu de mots, connaître l'objet et le but.

Nous avons voulu mettre, entre les mains de MM. les Étudiants, au début de leurs études de *Droit,* une table des matières aussi complète que possible, comprenant d'une part une introduction générale et historique, avec le titre préliminaire du Code civil, d'autre part le titre premier et le titre troisième du même Code, qui forment l'objet de nos explications durant les mois de novembre et de décembre. Nous espérons, grâce à cette publication, pouvoir faciliter la préparation anticipée des leçons en en précisant nettement l'objet, et aider puissamment la rédaction des explications orales, sur les notes prises au cours ; or, à ce dernier point de vue, nous savons, par notre expérience personnelle, combien l'embarras est grand, dans les premières semaines surtout, lorsque MM. les Étudiants n'ont pas encore pris l'habitude de se créer des abréviations et une sorte de sténographie leur permettant de recueillir au moins tous les principes fondamentaux avec leurs conséquences principales.

Nous avons tenu compte également des bienveillantes critiques dont a été l'objet notre *programme sommaire du deuxième examen* de Code civil, ouvrage *tout de circonstance*, fait à l'époque de la guerre de 1870-1871, en vue des nombreux élèves qui, appelés et retenus sous les drapeaux, avaient été mis ainsi dans l'impossibilité absolue de suivre les cours; nous avions alors publié, telles quelles, les simples notes de nos leçons, contemporaines, de la guerre, sur les successions et les partages d'ascendants. L'on nous a reproché, avec raison, ce qu'il y avait de disproportionné dans le plan de ce programme, et de précipité dans l'exécution ; ce défaut nous était connu : aussi avions-nous pris soin de faire remarquer en tête du volume, que nous n'avions point eu la prétention de faire un livre, mais un ouvrage de circonstance, avec ses dangers et ses imperfections.

Notre éminent confrère de Gand, M. G. Rolin-Jacquemyns, directeur de la *Revue de droit international et de législation comparée*, précisant particulièrement ses appréciations, nous a conseillé de nous borner désormais à « un véritable sommaire portatif, nullement développé, sauf à y ajouter des dissertations séparées sur les points à éclaircir. »

C'est là ce que nous venons de faire pour les prolégomènes et le début du Code civil, sauf à continuer ensuite sur le même plan, si cette humble publication, destinée à nos élèves personnels, obtient les suffrages de l'École.

Nous éditons en même temps et à côté de ces prolégomènes, sous le titre, *Notion du droit et de l'obligation*, la leçon d'ouverture de notre cours triennal, après l'avoir, du reste, singulièrement retouchée et augmentée.

Puissent ces brochures n'être point tout à fait inutiles à MM. les Étudiants dont le concours assidu nous soutient dans nos travaux et dont les succès seront toujours la meilleure récompense, comme le plus précieux couronnement de nos efforts !

Puissent-elles trouver un accueil indulgent et sympathique près des maîtres de la science !

Nous tenons à remercier, en terminant, ceux de nos honorables confrères ou collègues, qui ont bien voulu nous accorder, dans le passé, leurs encouragements, en même temps qu'ils nous éclairaient par leurs critiques savantes et judicieuses.

Douai, le 30 novembre 1872.

DANIEL DE FOLLEVILLE.

SOMMAIRE

DES

PROLÉGOMÈNES

AVEC LE TITRE PRÉLIMINAIRE
ET LES TITRES I & III DU PREMIER LIVRE DU CODE CIVIL.

COURS DE PREMIÈRE ANNÉE.

1. — Le programme du premier examen de baccalauréat comprend, pour le Code civil, le premier et le dernier article du titre préliminaire avec les deux premiers livres du Code civil, en retranchant toutefois du titre IV (liv. 1), consacré à la *théorie des absents*, les deux premières sections du chapitre III. (Arrêté du Conseil royal de l'Instruction publique du 22 septembre 1843, relatif aux examens dans les Facultés de droit).

2. — La connaissance de certaines notions philosophiques, historiques et terminologiques constitue le préliminaire indispensable d'une étude fructueuse du Code civil : de là, la nécessité de quelques leçons consacrées à une *Introduction générale* servant d'initiation à l'étude du droit et au cours de première année.

INTRODUCTION GÉNÉRALE (¹).

CHAPITRE I. — Notions philosophiques et juridiques sur la loi, la morale et le droit.

3. — Qu'est-ce que *la loi* ?

4. — M. Perreau la définit ainsi qu'il suit : « Les lois sont les résultats nécessaires des rapports que les choses ont entre elles et avec nous, et l'obligation de nous conformer à ces mêmes rapports. »

Examen et rejet de cette première définition.

5. — Seconde définition donnée par Montesquieu (Esprit des lois, liv. I, chap. I) : « Les lois sont les rapports nécessaires qui dérivent de la nature des choses. »

Généralité *excessive* de cette définition.

6. — Autre définition donnée par M. Demante, (Cours analytique de Code civil, t. I, Introduction, sect. I, n° 4) : « La loi est la règle des actions humaines. »

Discussion de cette définition.

7. — Il vaut mieux définir la loi, en disant que c'est une règle établie par l'autorité législative d'un pays et à laquelle les citoyens de ce pays sont tenus d'obéir, parce qu'elle émane de l'autorité qui, d'après la Constitution politique, a le pouvoir de commander, de défendre, ou de permettre dans toute l'étendue de l'État. (Comp. M. Demolombe, Cours de Code civil, t. I, n° 2). Une autre définition, conçue dans le même esprit, consiste à préciser les caractères du droit considéré comme science, de la manière suivante : Le droit est l'ensemble, scientifiquement coordonné, des

---

(1) — Consulter, M. Minier, Précis historique du droit Français et introduction à l'étude du droit ; — M. Eschbach, Introduction générale à l'étude du droit ; — M. de Fresquet, Précis d'histoire des sources du droit Français depuis les Gaulois jusqu'à nos jours (ouvrage spécialement destiné à MM. les Étudiants) ; — M. Alph. Boistel, cours élémentaire de droit naturel ou de philosophie du droit, suivant les principes de Rosmini.

règles promulguées et juridiquement exécutoires, que la raison et la justice imposent à ceux des rapports humains que l'utilité sociale ne permet pas d'abandonner à la souveraineté du libre arbitre.

8. — Des règlements d'administration publique, des décrets, des arrêtés, des circulaires. Quel est leur caractère ? Quelle est l'autorité qui s'y attache ?

9. — Classification des lois. (*L. 7 Dig. de Legibus*, liv. I, tit. III).

10. — Lois *impératives* : v. g. — art. 205, 214, etc.

11. — Lois *prohibitives* : v. g. — art. 144, 374, etc.

12. — Lois *permissives* : telles sont les lois qui consacrent le droit de se marier, de tester, de vendre, de louer, etc.

13. — Il y a enfin les lois *pénales*, qui sont la sanction de toutes les autres.

14. — Qu'est-ce que la *morale* ? Sa sphère d'application ; sa sanction. Ses rapports avec la religion. De la morale dite indépendante.

15. — Qu'est-ce que le *droit* ? Comparez *suprà*, n° 7.

16. — Théorie du droit naturel : ses caractères distinctifs. Ses rapports avec le droit civil ou positif.

Il faut bien se garder d'admettre, au point de vue juridique, qu'il y ait antithèse, *antagonisme*, entre la loi naturelle et les lois civiles ou positives, codifiées et promulguées. Qu'est-ce, en effet, que le droit naturel ? — C'est le droit idéal, c'est l'ensemble des principes que la Providence a imprimés dans le cœur de tout homme, pour régler ses rapports comme être sociable, soit avec chacun de ses semblables pris individuellement, soit avec la société constituée au milieu de laquelle il est appelé à vivre ; or, il est de l'essence des sociétés de changer, de se modifier, et de se développer successivement. Il ne peut donc pas y avoir, même dans la sphère du pur droit naturel un type unique et immuable : le type ne peut pas être le même partout et toujours ; autrement le droit n'atteindrait pas son but, qui est de se maintenir autant que possible en harmonie avec les besoins et les mœurs des différentes agglomérations humaines : (comp. nos *considérations générales sur l'acquisition ou la libération par l'effet du temps,* n°ˢ 43 et 44).

17. — Il ne faut point admettre le principe de la *rétroactivité*, même en faveur des maximes du droit naturel : (art. 1 et 2 Cod. civ.).

18. — Le droit naturel est-il véritablement *universel* ? — Droit international privé et public. — Droit des gens (comp. M. Demolombe t. 1 n°ˢ 10, 11 et 12).

19. Conclusion : — En résumé, l'homme, au chemin de la vie, est gouverné par trois ordres de principes directeurs : 1° la *morale* et la religion : tout ici est du ressort du for intérieur ; 2° le *droit naturel,* qui, avec la *coutume,* forme le droit des peuples dont les lois ne sont point encore codifiées : il est le type des législations positives et le complément *implicite* des règles promulguées ; 3° *le droit civil ou positif,* qui constitue la loi proprement dite, sanctionnée par la puissance publique : si nous ouvrons nos codes, nous voyons les règles les plus saintes, les plus évidentes, inscrites dans nos lois positives, précisément à cause de la volonté du législateur de faire cesser toute incertitude et d'anéantir tout antagonisme entre le droit naturel et le droit civil : Ex. : — Art. 203, 212, 371, 1134, 1382, cod. nap. ; art. 321, 327, 328, 329 cod. pénal, etc. Le législateur a pris soin de formuler soit explicitement, soit au moins implicitement, celles des règles appartenant au droit naturel ou à la morale qui doivent devenir des *lois*.

20. Rapports de la science du droit avec l'histoire, et avec l'économie politique, qui étudie la richesse, le capital, le travail, en précisant leurs lois naturelles et primordiales.

21. — Différents sens du mot Droit.

22. — Comment divise-t-on le droit ? — Droit naturel et droit positif ; — droit civil et droit des gens ; — droit public et droit privé ; — droit commercial ; — droit déterminateur et droit sanctionnateur ; — droit écrit et droit non écrit ou coutumier ; — droit criminel, droit pénal. (Comp. Mourlon, répétitions écrites, t. 1, n° 7).

23. — Acceptions diverses du mot *jurisprudence*.

24. — Acceptions diverses du mot *législation*.

25. — La science du droit a un triple objet : les personnes, — les choses, — et les actions : « *Omne jus, vel ad personas attinet, vel ad res, vel ad actiones.* » (L.1, Dig. *de statu hominum*). Le Code civil ne vise que deux de ces objets, les personnes et les choses. Quant aux actions, elles sont organisées par le Code de procédure au point de vue civil, et par le Code d'instruction criminelle au point de vue Pénal.

CHAPITRE II. — Théorie sommaire des différentes espèces de devoirs (sensu lato) ou d'obligations. — Distinction des droits réels et des droits personnels.

26. — Classification des devoirs et des obligations.

27. — Devoirs purement moraux ou de conscience : — caractères distinctifs ; effets.

28. — Définition de l'obligation civile (art. 1101).

27. — Différentes sources d'obligations civiles ; causes génératrices.

30. — Définition de l'obligation naturelle (art. 1235 al. 2). —

31. — Effets qui lui sont propres ; — applications.

32. — A quels points de vue l'obligation naturelle et l'obligation morale ou de conscience se ressemblent-elles et se rapprochent-elles ?

33. — A quels points de vue diffèrent-elles ? — Critérium proposé : (comp. nos *considérations générales sur l'ac-*

quisition ou la libération par l'effet du temps, nos 55 et suiv).

34. — Qu'est-ce qu'un droit réel ?
35. — Qu'est-ce qu'un droit personnel ?
36. — Enumération des différents droits qui rentrent dans l'une ou l'autre de ces catégories.
37. — Intérêt pratique de la distinction.
38. — Des droits de puissance ou de famille.
39. — Des droits politiques.

CHAPITRE III· — Notions abrégées sur les principales divisions historiques du droit civil français.

40. — Utilité de ces notions, renfermées dans de sages limites, au point de vue de l'intelligence et de l'explication des textes actuels promulgués dans nos différents codes.
41. — Comment se divise le droit français sous le rapport de ses origines ?
42. — Division en trois périodes : — droit ancien ; — droit intermédiaire ; — et droit nouveau. Notions détaillées sur chacune de ces périodes.

Première période :—Le Droit ancien.

43. — Cette première période comprend tous les actes législatifs, ordonnances, coutumes et arrêts de règlement qui ont existé depuis le commencement de la monarchie, jusqu'au 17 juin 1789, époque où les États généraux se constituèrent en Assemblée nationale constituante.
44. — Etat de la Gaule *avant la conquête Romaine.*
45. — Etat de la Gaule *depuis la conquête Romaine jusqu'à l'invasion des barbares.*
46. — Etat de la Gaule *depuis l'invasion des barbares jusqu'à* l'établissement définitif de *la féodalité.*

47. — *Lois des Bourguignons:* — La loi Gombette; — *Papiani responsorum liber.*

48. — *Lois des Wisigoths* : — Loi nationale des Wisigoths; *lex Romana*, (bréviaire d'Alaric.)

49. — *Lois des Franks* : — Loi Salique ; — loi des Franks Ripuaires.

50. — Régime de la *personnalité des lois civiles*, d'après l'origine des différents sujets.

51. — Les Capitulaires : — Leur mode de rédaction ; — leur caractère.

52. — Lois des Normands.

53. — Les formules.

54. — Etat de notre pays, *depuis l'établissement de la féodalité jusqu'à la Révolution de* 1789.

55. — La loi devient *territoriale :* — Causes de ce changement radical.

56. — Différentes sources du Droit ancien.

N° 1 : — *Les ordonnances des rois.*

57. — Combien distinguait-on d'espèces d'ordonnances ? — Ordonnances proprement dites ; — édits ; — *déclarations; lettres patentes.* Enumération des ordonnances les plus importantes.

58. — Des chartes.

N° 2 : — *Les coutumes.*

59. — Coutumes générales et coutumes locales.

60. — Rédaction successive des coutumes, d'abord *privée*, et puis *officielle*.

61. — Indication des principales coutumes et considérations générales sur leur autorité respective.

N° 3. — *Le Droit Romain.*

62. — Division de la France en *pays de droit écrit* et

en *pays coutumiers*. — Comparaison des deux législations. — Importance pratique de cette division territoriale et législative.

63. — *Monuments juridiques* les plus importants à signaler du dixième au quinzième siècle.

64. — Les *Petri exceptiones legum Romanorum*.

65. — Les assises de Jérusalem.

66. — Le conseil de Pierre de Fontaines à un ami.

67. — Les établissements de Saint Louis.

68. — Les coutumes de Beauvoisis par Beaumanoir.

69. — Le livre de justice et de plets.

70. — Coutumiers divers.

71. — Les *olim* du parlement de Paris.

N° 4 : — *Le Droit canonique.*

72. — Son influence.

73. — Empiétements des tribunaux ecclésiastiques : — Méthode de *connexité*. Compétence *ratione materiæ* et *ratione personarum*.

74. — Sources principales du droit canonique.

75. — Causes extrinsèques qui favorisèrent l'extension des juridictions ecclésiastiques. — Etat d'imperfection relative dans lequel se trouvaient la plupart des juridictions civiles, seigneuriales ou même royales, pendant une grande partie du moyen-âge.

76. — Principes de Droit canonique qui ont servi de base à notre législation civile actuelle : — Enumération et appréciation.

N° 5. — *Les arrêts de règlement des Parlements.*

77. — Rôle considérable joué par les Parlements sous l'empire de notre ancienne jurisprudence.

78. — Leurs pouvoirs au point de vue de la police et de l'administration de la justice.

79. — Leurs empiétements sur l'autorité législative, a

propos de l'*enregistrement des ordonnances* : — Les procédés employés par les rois pour triompher de la résistance des parlements : lettres de *jussion*, *lits de justice*.

80. — Des arrêts de règlement : — Leur caractère ; — leur portée.

81. — Influence exercée par les Etats-Généraux, au point de vue du Droit et de l'amélioration de nos institutions juridiques. V. M. Arthur Desjardins, *Etats-Généraux*, p. 761.

82. — *Inconvénients de la diversité extrême de législation* qui existait avant 1789 : — Efforts successifs des rois et de leurs conseillers les plus éclairés pour amoindrir et faire disparaître peu à peu ces inconvénients graves : — Ordonnances rendues dans ce but.

83. — Influence des jurisconsultes, notamment de Dumoulin, de Domat et de Pothier.

Deuxième période : — le Droit intermédiaire ([1]).

84. — Cette période comprend, avec la partie non abrogée de la législation ancienne, cette foule immense de lois et de décrets, émanant des divers pouvoirs qui se sont succédé depuis le 17 juin 1789, jusqu'au 31 décembre 1804, époque de la promulgation du code civil.

85. — Tendance de cette législation transitoire vers l'unité : — ses caractères généraux ; — son influence.

86. — Rôle de *l'assemblée nationale Constituante :* — Importance de son œuvre et des principes qu'elle a posés. (5 mai 1789 — 30 septembre 1791).

Détail de ses travaux.

87. — Rôle joué par l'*Assemblée législative*. (1er octobre 1791 — 21 septembre 1792).

(1) Voy. M. RAMBAUD, le Code civil par questions et par réponses, t. I pag. 11 et suiv. ; — M. ACOLLAS, Manuel de droit civil, t. I, pag. 18 et suiv. Introduction, — M. DELSOL, t. I, pag. 6 et suiv. ; — M. MOURLON, t. I, pag. 15, 16 et suivantes.

Ses travaux.

88. — De la *Convention*. (21 septembre 1792 — 26 octobre 1795.

Lois et décrets émanant de cette assemblée.

89. — OEuvre *du Directoire*. (26 octobre 1795 — 9 novembre 1799).

Mécanisme de la constitution du 5 fructidor an III (22 août 1795).

Loi du 11 brumaire an VII sur le régime hypothécaire.

Loi du 22 frimaire an VII sur l'enregistrement.

90. — *Du Consulat*. (19 novembre 1799 — 18 mai 1804).

Mécanisme de la constitution du 22 frimaire an VIII.

Troisième période : — *le Droit nouveau.*

91. — Le Droit nouveau est celui qui régit la France depuis la promulgation du Code civil.

92. — La pensée de réunir en un seul corps de lois les éléments épars de la législation française appartient à l'Assemblée nationale constituante. — Efforts faits, en ce sens, durant la Révolution.

93. — Différents projets successivement présentés.

Projet présenté à la convention par Cambacérés le 9 août 1793.

Projet présenté le 23 fructidor an III.

Projet présenté le 24 prairial an IV.

Projet soumis par le représentant Jacqueminot au conseil des cinq cents le 30 frimaire an VIII. (Comp. M. *R. de Fresquet*, Précis d'histoire des sources du Droit français, pag. 210 et suiv.)

94. — Arrêté des consuls en date du 24 thermidor an VIII, (12 août 1800).

95. — Quels furent les commissaires nommés pour préparer le projet définitif du Code civil ?

96. — Détails circonstanciés sur les travaux préparatoires et sur le mécanisme de la rédaction et du vote du Code civil. — Incidents principaux de la discussion.

97. — Loi du 30 ventôse an XII (21 mars 1804) : — explication et développements.

98. — Appréciation théorique du Code civil : — sources principales auxquelles ses rédacteurs ont puisé ; — plan général de sa rédaction ; — description de son contenu.

99. — Principes fondamentaux sur lesquels sont basées les dispositions les plus importantes de notre droit nouveau : — esprit et tendances générales de notre législation actuelle. (Aubry et Rau, t. I, § 15 et 16.)

100. — Egalité de tous les français devant la loi.

101. — Séparation absolue de l'Eglise et de l'Etat, — du droit civil et du droit ecclésiastique ; — indépendance de la loi vis-à-vis des diverses croyances religieuses.

102. — Respect de la liberté individuelle et garantie de l'inviolabilité de la personnalité humaine et de la propriété.

103. — Maintien absolu du principe d'égalité dans les successions et les partages, (art. 896, 913 et suiv.)

104. — Etude et développement de ces divers principes.

105. — Imperfection du Code civil, en ce qui touche la législation applicable aux meubles : — causes de cette imperfection ; adage, *res mobilis, res vilis* : (comp. notre essai sur la possession des meubles et sur la revendication des titres au porteur perdus ou volés, n°s 8 et 16).

106. — Des nouvelles éditions du Code civil ; — il prend la dénomination de Code Napoléon.

107. — Énumération des lois nombreuses qui, depuis 1804, sont venues modifier ou compléter ce Code : (comp. MM. Aubry et Rau, t. I, § 13 et § 14).

108. — Quels sont les différents Codes qui ont été successivement promulgués depuis le Code civil?

Code de commerce (1807).

Code de procédure civile (1808).

Code pénal et Code d'instruction criminelle (1810).

Détails abrégés sur le mode de rédaction et sur l'objet de ces différents Codes ; — description, sommaire de leur contenu. — Indication des lois les plus importantes qui les ont complétés ou modifiés. Aubry et Rau, t. I, §§ 17 à 22.

CHAPITRE IV. — Notions générales sur l'organisation des pouvoirs publics français (1).

109. — Utilité de ces notions générales, dont les détails rentrent plus directement dans les cours de procédure civile et de droit administratif.

110. — Énumération préalable des différentes lois constitutionnelles, qui, sous le nom de *constitutions* ou *chartes*, se sont succédées en France depuis 1789 :

Constitution des 3-14 septembre 1791 ;

Constitution républicaine du 24 juin 1793 ;

Constitution directoriale du 5 fructidor an III ;

Constitution consulaire du 22 frimaire an VIII ;

Sénatus consultes organiques des 14 et 16 flermidor an X, — du 28 floréal an XII, — du 19 août 1807 ;

Charte constitutionnelle du 4 juin 1814 ;

Acte additionnel du 22 avril 1815 ;

Charte constitutionnelle du 14 août 1830.

Constitution républicaine du 4 novembre 1848.

Quelques détails sur chacune de ces constitutions.

111. — Dans les dernières années du second empire, et

---

(1) Voyez les *Répétitions écrites* de droit administratif de M. Cabantous, le *Cours de droit administratif* de M. Ducrocq et le nouveau *Précis* de droit administratif de M. Pradier-Fodéré, mis au courant de la législation actuelle (édition de 1872). Mourlon, *Procédure civile*, pag. 1 à 12; Boitard et Colmet-Daage, p. 1 à 42.

jusqu'au 4 septembre 1870, date de l'avénement du Gouvernement de la défense nationale, nous étions régis par la Constitution du 14 janvier 1852, combinée avec divers Sénatusconsultes, notamment :

Le Sénatusconsulte organique de l'empire du 7 novembre 1852 ;

Les Sénatusconsultes du 25 décembre 1852, — du 2 février 1861, — du 31 décembre 1861, — du 18 juillet 1866, — du 8 septembre 1869.

Ajoutez un décret impérial du 8 novembre 1869, réglant les rapports entre le Gouvernement de l'empereur, le Sénat, le Corps législatif et le Conseil d'Etat.

112. — Sous le Gouvernement républicain actuel, à la tête duquel se trouve M. Thiers, aucune Constitution nouvelle n'a encore été rédigée.

Organisation actuelle du gouvernement ; — théorie de la souveraineté nationale, par opposition à la théorie dite du droit divin. — Exposition.

113. — Il y a deux pouvoirs dans l'État, le pouvoir *législatif* et le pouvoir *exécutif*.

114. — Le pouvoir *législatif* s'exerce à l'aide du concours du Président de la République, du Conseil d'État, et de l'Assemblée nationale : — détails sur les attributions respectives de ces différentes autorités.

115. — Prérogatives diverses rentrant dans le pouvoir *exécutif*.

116. — Le pouvoir exécutif se subdivise en deux éléments :
Le pouvoir *administratif* ;
Et le pouvoir *judiciaire*.
Leurs attributions respectives.

117. — Principe de la séparation des pouvoirs ; — garanties pratiques introduites pour maintenir le respect de ce principe considérable.

118. — Entre les mains de qui se trouve aujourd'hui concentré le pouvoir exécutif ? Comment est-il exercé ?

119. — L'*autorité administrative* est déléguée à certains agents du gouvernement.

120. — Des ministres.

121. — Des préfets.

122. — Des sous-préfets.

123. — Des maires.

Attributions respectives de ces différents agents.

124. — Fonctions du Conseil d'État : (loi du 24-31 mai 1872 et décret du 21-25 août 1872).

125. — Rôle des Conseils de préfecture dans chaque département, (loi du 21 juin 1865).

126. — Attributions des Conseils généraux de département et des commissions départementales (loi du 10 août 1871 et loi du 15 février 1872), — des Conseils d'arrondissement (loi du 10 mai 1838), — et des Conseils municipaux (loi du 24 juillet 1867).

127. — Le *pouvoir judiciaire* est délégué à la magistrature.

128. — Justices de paix, — Tribunaux civils d'arrondissement, — Tribunaux de commerce, — Conseils de prud'hommes, — Cours d'appel, — Cours d'assises, — Cour de cassation.

Détails circonstanciés sur chacune de ces juridictions ; — leur organisation ; -- limite de leurs attributions.

129. — Des divers degrés de juridiction.

130. — Double élément dont se compose la magistrature.

131. — Divers auxiliaires de la magistrature.

132. — Organisation et attributions de la Cour des comptes.

133. — Mission, sous le second empire, de la Haute-Cour de justice ; — sa composition ; — son mode de fonctionnement ; — sa suppression.

134. — Quelles sont, en résumé, les sources de notre Droit français actuel ? (V. Mourlon, répétitions écrites sur le Code civil, t. I, introduction *in fine*.)

CODE CIVIL OU CODE NAPOLÉON.

135. — Généralités. — Importance de l'étude de ce Code. — Sa définition.

Indications bibliographiques.

136. — Méthode d'enseignement : — Union de la méthode dogmatique et de la méthode exégétique. — Etude successive des différents titres dont se compose le Code civil, sans en modifier l'ordre. — Sous chaque titre, une division doctrinale sera présentée ; cette division amènera nécessairement quelques interversions d'articles, faites, du reste, avec la plus grande sobriété. — Tous les textes seront lus en chaire, et les différentes hypothèses prévues par chacun d'eux, soigneusement posées tout d'abord. — Comparaisons fréquentes soit avec le Droit Romain, soit avec le Droit de notre ancienne France, soit avec les législations actuelles des pays voisins. — Les aperçus nouveaux que peut fournir la philosophie du Droit ou l'économie politique seront mis en lumière, chaque fois que l'occasion s'en présentera.

TITRE PRÉLIMINAIRE.

De la publication, des effets et de l'application des lois en général.

(Décrété le 14 ventôse an XI, promulgué le 24 ventôse [5-15 mars 1803]).

137. — Ce titre constitue comme une sorte d'introduction à la législation universelle de la France. Il contient non-seulement des principes de droit privé, mais encore des règles de droit public et politique.

138. — Double motif qui explique l'introduction de ces principes dans le titre préliminaire : —1° silence de la Constitution du 22 frimaire an VIII ; — 2° importance prépondérante du Code civil.

139. — Division doctrinale en cinq parties :
—1° De la formation, de la promulgation et de la publication des lois ; —2° effets généraux des lois ; —3° de l'application des lois et de leur autorité ; — 4° de l'interprétation des lois ; —5° de l'abrogation des lois.

PREMIÈRE PARTIE.

De la formation, de la promulgation et de la publication des lois.

140. — Définition préalable des mots sanction, —promulgation, —et publication des lois.

141. — Distinction entre le *Droit écrit* et le *Droit non écrit*. Cette distinction présente-t-elle encore aujourd'hui un intérêt pratique ?

142. — Comment les lois pouvaient-elles être *formées* sous l'Empire? —Article 4, 8, 39, 25, 26 de la Constitution du 14 janvier 1852 ; —voyez aussi les art. 1, 5 et 8 du Sénatus-Consulte du 8 septembre 1869, — les art. 3, 4 et 5 du décret impérial du 8 novembre 1869. Détails historiques sur le rôle de l'empereur, du Conseil d'Etat, du Corps Législatif et du Sénat dans la confection des lois.

143. — A quel moment la loi, une fois faite et votée, devient-elle exécutoire et doit-elle être exécutée, d'après l'art. 1 du Code civil ?

144. — En quoi consistait la promulgation ? — Insertion de la loi nouvelle au bulletin des lois.

145. — Mode dernier de publication : — de quels faits la publication résultait-elle ? — Appréciation : — de l'envoi

du bulletin des lois aux diverses autorités : — **Devoirs** de celles-ci.

146. — Ordonnances des 27 novembre 1816 et 18 janvier 1817 sur le mode de publication.

147. — Quels étaient les délais de publication fixés par l'art. 1 al. 3 du Code civil?

149. — Doit-on tenir compte des fractions de moins de dix myriamètres pour le calcul des distances?

150. — Les délais de publication ne peuvent-ils pas être abrégés en cas d'urgence?

151. — L'art. 1 du Code civil n'est pas applicable aux colonies. — Il faut excepter aussi les cas de force majeure, invasion ennemie, inondation, etc.

152. — Comment et à partir de quelle époque la loi nouvelle oblige-t-elle les français, qui se trouvent en pays étranger, au moment où cette loi est promulguée et publiée en France?

153. — Des citoyens, connaissant, en fait, la loi nouvelle, qui consentiraient à l'exécuter immédiatement, sans attendre l'expiration des délais accordés par l'art. 1, seraient-ils recevables à en agir ainsi?

154. — Pour savoir si un individu doit être réputé avoir connu la loi, est-ce au fait de sa *résidence* dans tel département qu'il convient de s'attacher? Ou bien faut-il considérer uniquement son *domicile* de droit? (Comp. art. 4, décret du 5 novembre 1870).

155. — De la publication des décrets et ordonnances.

(Consultez, sur ces divers points, M. Demolombe t. 1, n°ˢ 21-35; — MM. Aubry et Rau sur Zachariæ, t. 1, § 26-27 et 28; — ordonnances du 27 novembre 1816 et du 18 janvier 1817;—décret du 2 décembre 1852;—Constitution du 14 janvier 1852, art. 10; décret du 5 novembre 1870).

155 *bis*. — Il convient de signaler ici les récentes inno-

vations législatives, fort importantes, qui ont singulièrement modifié l'art. 1 du code civil : voici, dans quels termes ces innovations sont indiquées par M. Valette (cours de Code civil, t. 1, avant propos, pag. VI) » Il n'y a plus, dit l'éminent jurisconsulte, de sanction constitutionnelle des lois ; le Président de la République n'a point à sanctionner les décrets de l'Assemblée nationale, lesquels ont par eux-mêmes force de loi. Le Président doit les promulguer sans délai. — Aujourd'hui, d'après le décret du Gouvernement de la défense nationale, du 5 novembre 1870, la promulgation des lois et des décrets résulte de leur insertion au *Journal officiel de République française*, lequel, à cet égard, remplacera le *Bulletin officiel des lois*. Néanmoins ce Bulletin officiel doit continuer à être publié, (voir le *Journal officiel* du 6 novembre 1870), et même l'insertion qui y sera faite des actes non insérés au *Journal officiel* vaudra promulgation : (voir l'*erratum* indiqué dans le même journal, du 7 novembre). Cet emploi du *Bulletin des lois* à titre de moyen de publication n'est évidemment conservé ici que comme subsidiaire, et pour des actes qui n'intéressent pas le public en général. Mais ce n'en est pas moins une complication très-grande que la coexistence de deux modes de promulgation des actes législatifs. (Voir sur ce point un article de M. Gabriel Demante, professeur à la faculté de droit de Paris, dans la *Revue critique de législation, etc.*, février 1872, pages 129 et suivantes). — Quant au calcul du délai des distances (suivant l'art. 1er du Code), entre Paris et le chef-lieu de chaque département, il est remplacé, en ce qui regarde le *Journal officiel*, par un tout autre système, analogue à celui de la loi du 12 vendémiaire an IV, mais qui aujourd'hui se justifie bien mieux, à raison de l'immense publicité de ce journal, agrandie encore par celle des autres journaux. En effet, l'article 2 du décret du 5 novembre 1870 porte que les lois et les

décrets seront obligatoires à Paris, « un jour franc après la
» promulgation, et partout ailleurs dans l'étendue de
» chaque arrondissement, un jour franc après que le
» *Journal officiel*, qui les contient, sera parvenu au chef-
» lieu de cet arrondissement. » Il est dit aussi, à la fin du
même article, que, « le Gouvernement, par une disposi-
» tion spéciale, pourra ordonner l'exécution immédiate
» d'un décret. » Quant aux lois proprement dites, elles
peuvent évidemment contenir une disposition semblable
(comp. l'art. 3). L'article 3 ajoute d'ailleurs que : « Les
» préfets et sous-préfets prendront les mesures nécessaires
» pour que les actes législatifs soient imprimés et affichés
» partout où besoin sera. » Ceci consacre législativement
les règles contenues dans les ordonnances royales du
27 novembre 1816 et du 18 janvier 1817. L'article 2 du
décret n'ayant trait qu'à la promulgation faite par le
Journal Officiel, il en résulte que les actes insérés uniquement
au *Bulletin des lois* restent toujours, quant à leur
force obligatoire, régis par le système du délai des distances,
tel que l'indique l'art. 1er du Code civil. C'est là un résultat
qui peut paraître bizarre ; mais il faut bien le reconnaître,
tout en souhaitant qu'on le fasse disparaître plus tard, en
adoptant un régime unique sur les effets de chacune des
deux sortes de promulgation. » — L'art. 4 du décret du
5 novembre 1870 permet aux tribunaux et aux autorités
administratives et militaires d'admettre, suivant les circonstances, l'exception d'ignorance alléguée par les con-
trevenants, dans les cas où la contravention à une loi nouvelle aura eu lieu dans le délai de trois jours francs à
partir de sa promulgation. Comparez cass. req. 23 janvier
1872, (Dev. 1872—1—80 et 81).

SECONDE PARTIE

Quels sont les effets généraux des lois ?

156. — Les effets généraux des lois doivent être étudiés successivement à deux points de vue : 1° quels sont les effets des lois quant au *temps* dans la durée duquel elles s'appliquent ? (Art. 2 Code civ.) ; — 2° Quels sont les effets des lois, soit quant aux personnes, soit quant aux choses, soit quant aux lieux qu'elles régissent ? (Art. 3 Cod. civ.). L'examen de la première question nous fera assister au *conflit* pouvant exister entre deux lois du même pays, l'une ancienne, l'autre nouvelle ; nous verrons, avec la seconde question, se développer le conflit entre deux lois promulguées par des souverainetés différentes, entre nos lois nationales et les lois étrangères.

CHAPITRE PREMIER.

De l'effet des lois en ce qui concerne le *temps* auquel elles s'appliquent, ou du *conflit*, dans le même pays, des lois *anciennes* et des lois *nouvelles* (art. 2 Cod. Nap. et art. 4 Cod. pén.).

157. — Principe général posé par l'art. 2 : — « la loi ne dispose que pour l'avenir ; elle n'a point d'effet rétroactif: »

158. — Motifs qui servent de base à cette règle.

159. — Elle doit être toutefois tempérée d'une part, à l'aide du principe que les lois nouvelles sont nécessairement présumées meilleures que celles qu'elles remplacent, — d'autre part grâce à cette considération pratique qu'il faut éviter, en élargissant avec excès la sphère d'application des lois anciennes, d'arriver à une immobilisation absolue de la législation ; le droit est une science essentiellement progressive.

160. — Distinction entre les *droits acquis* et les *simples expectatives* : — sa portée : — exemples et applications.

161. — Une loi nouvelle ne doit pas être appliquée aux faits antérieurs à sa promulgation, toutes les fois qu'il résulterait de cette application, soit une atteinte inique à un droit acquis, — soit un dommage sérieux pour l'ordre public.

162. — L'art. 2 ne renferme pas toutefois une règle *constitutionnelle*, nécessairement obligatoire pour le législateur lui-même ; ce texte formule simplement une *règle* absolue *d'interprétation* pour le juge.

164. — Des développements qui précèdent, il résulte qu'il faut considérer comme susceptibles de rétroactivité : — les lois constitutionnelles, — les lois d'administration judiciaire ou de compétence soit en matière civile, soit en matière criminelle, — les lois qui statuent sur les voies d'exécution, v. g. loi du 22 juillet 1867 sur la contrainte par corps, — les lois simplement interprétatives (comp. MM. Aubry et Rau, t. I, § 30 ; — M. Demolombe, t. I, n°⁸ 37-67).

165. — Application de l'art. 2 faite successivement aux différentes matières du Code civil : — naturalisation, — mariage, — reconnaissance d'enfant naturel, — recherche de la maternité ou de la paternité, — puissance maritale et puissance paternelle, — lois sur la minorité, la majorité, l'interdiction, etc, — Lois concernant les biens, — successions *ab intestat*, — rapports à succession, — dispositions entre vifs et dispositions testamentaires, — règles sur la quotité disponible, — institutions contractuelles, — lois sur les conditions constitutives, les formes, le mode de preuve et les effets des contrats, — obligations dérivant des quasi-contrats, des délits, des quasi-délits, — lois sur les hypothèques et les privilèges, — lois sur la prescription.

166. — Distinction à faire entre les lois qui règlent la

capacité personnelle de la femme et les lois qui s'occupent plus spécialement des conventions matrimoniales.

167. — L'art. 1912 est-il applicable aux rentes constituées *avant le Code civil*, lorsque c'est *depuis le Code civil* que le débiteur a cessé, pendant deux ans d'en servir les arrérages ? — Controverse. (Comp. M. Demolombe, t. I, n° 55).

168. — Ce qui concerne la forme de procéder est réglé par les lois en vigueur, au moment de l'exercice du Droit. — En principe général, tout acte passé suivant les formes prescrites par la loi existante à l'époque où il a été consenti, fait foi, même depuis la promulgation de la loi nouvelle.

169. — Développement du principe de la non-rétroactivité des lois en matière pénale. (Art. 4. du Code pénal).

Voyez M. Trébutien, cours de droit criminel, t. 1, pag. 80 à 89.

170. — Résumé et conclusion.

CHAPITRE DEUXIÈME.

Quels sont les effets des lois, soit quant aux personnes, soit quant aux choses, soit quant aux lieux, que ces lois sont appelées à régir ? — Ou du conflit des lois françaises avec les lois étrangères.

171. — Nous aurons à mesurer ici l'effet des lois, eu égard à la *nationalité* des personnes dont il s'agit de régler les divers droits ou obligations, et eu égard au *lieu* où un acte juridique a été accompli. (Comp. M. Aubry et Rau, t. 1, § 31 ; — M. Demolombe, t. 1, n°s 68-108 ; — M. Bertauld, questions pratiques et doctrinales de Code civil, t. 1, pag. 1 à 163.

172. — Division de la matière en *cinq* sections distinctes, eu égard aux différents objets des lois.

Section première.

Lois de police et de sûreté.

174. — Leurs caractères distinctifs.

175. — Disposition de l'art. 3 al. 1 Cod. civil — Double motif apporté à l'appui de cette décision.

176. — Restriction en faveur des ambassadeurs et de leur suite.

177. — L'étranger, nouvellement arrivé en France, peut-il alléguer, à titre d'excuse, son ignorance des lois de police et des statuts locaux ?

Sections deuxième et troisième réunies.

Des lois réelles — relatives aux choses et aux biens. Des lois personnelles, — relatives à l'état et à la capacité des personnes. — Statut réel, statut personnel.

178. — Disposition de l'art. 3 du Code civil, al. 2 et 3. Double hypothèse prévue par le législateur dans ce texte.

179. — Division de la matière en trois paragraphes.

§ 1.

Origine historique de la théorie des statuts.

180 — Importance de cette théorie sous l'empire de notre ancienne jurisprudence : — Appréciation du chancelier d'Aguesseau. (Comp. M. Laurent, principes de droit civil français, t. 1. n° 81).

182. — La doctrine des statuts personnels et réels est-elle fondée en raison ? (Comp. M. Laurent, professeur à l'Université de Gand, même ouvrage, t. 1. n°s 122-140).

183. — Portée actuelle de cette théorie.

§ 2

Caractères distinctifs des lois réelles et des lois personnelles, du statut réel et du statut personnel ?

184. — Définition de la loi réelle : — Exemples.

185. — Définition de la loi personnelle : — Exemples.

186. — Il n'y a point de statuts mixtes : — Examen, à ce propos, de la doctrine présentée par MM. Aubry et Rau, t. 1, § 31, texte et notes 17, 18, 19, 20) : — Explication de l'intérêt pratique et développements.

187. — La loi sur les successions *ab intestat* est-elle réelle ou personnelle ? — *Quid* des lois sur la réserve et sur la quotité disponible ? — *Quid* de l'art. 747 ?

188. — *Quid* de la loi qui détermine la part héréditaire de l'enfant naturel ? (Art. 756 et suiv.).

189. — Par quelles lois doivent être régies, en général, les conventions matrimoniales ?

190. — Le statut réel est tantôt *prohibitif*, tantôt *non prohibitif* : — intérêt pratique de la distinction.

§ 3.

Quels sont les effets soit de la loi réelle, soit de la loi personnelle ?

191. — *Effets de la loi réelle* (art. 3, al. 2) : 1° quant aux *immeubles* ; 2° quant aux *meubles*.

192. — Application de la règle posée par la loi, aux successions *ab intestat* qui ne contiennent que des *immeubles*.

193. — Faut-il distinguer, suivant que les héritiers appelés sont étrangers ou Français ?

194. — La loi réelle française s'étend-elle aux immeubles possédés par des Français *en pays étranger* ?

195. — Effet des lois réelles quant aux *valeurs mobilières* ?

196. — Par quelle loi sont régis les meubles qui se

trouvent en France et qui appartiennent à un étranger ? (Paris, 25 mai 1852, Dev. 1852 — 2-289). — Est-ce par la loi française ? — Est-ce, au contraire, par la loi étrangère ? — Ne conviendrait-il pas de distinguer ici, suivant qu'il s'agira de meubles *individuels* (qu'ils soient, d'ailleurs, corporels ou incorporels, peu importe), ou suivant qu'il s'agira de meubles *considérés comme universalité*, c'est-à-dire au point de vue de leur transmission comme ensemble par voie de succession *ab intestat* ? (Comp. MM. Aubry et Rau, t. I, § 31, texte et notes, 51-55 ; — M. Demolombe, t. I, n° 94).

197. — *Effets des lois personnelles* (art. 3, dernier aliéna). Ces lois suivent le Français même en pays étranger : exemples, art. 388 ; — art. 144, 148 ; valeur des mariages contractés à Gretna-Green, sur la frontière d'Écosse. — Double motif apporté à l'appui de la décision donnée par l'art. 3, dernier aliéna : motif de logique, et motif de nécessité sociale.

198. — Les étrangers, en France, demeurent-ils réciproquement soumis à celles de leurs lois personnelles ou d'origine qui règlent leur état et leur capacité ? Solution affirmative en thèse générale.

199. — Il faut toutefois apporter à ce principe général, une double exception :

1° Pour le cas où l'application de la loi personnelle étrangère blesserait injustement un *intérêt privé* français : — exemples, — développements.

2° Pour le cas où l'application de la loi personnelle étrangère serait de nature à compromettre *l'ordre public* français ou bien encore à porter atteinte aux *bonnes mœurs*; — développement de cette proposition ; exemples à l'appui.

200. — L'étranger, légalement *divorcé* d'après son statut national, peut-il valablement se remarier en France, soit avec une étrangère, soit avec une française ? — Solution affirmative : (comp. M. Demolombe, t. 1, n°s 98-103 ; —

voy. aussi Cass. 28 février 1860, Dev. 1860-1-210; on y trouve un excellent réquisitoire de M. le procureur général Dupin).

201. — Les jugements, rendus en pays étranger, sur l'état et la capacité des personnes, doivent avoir, en France, le même effet que la loi personnelle en vertu de laquelle ils ont été rendus, (M. Demol. t. 1, n° 103).

202. — Qu'arriverait-il si un Français, mari et père, chef par conséquent d'une famille française, se faisait naturaliser en pays étranger? (M. Demol. t. 1, n° 104). Continuerait-il d'exercer la puissance maritale sur la personne de sa femme, et la puissance paternelle sur ses enfants? Si oui, d'après quelles lois? celles de sa nouvelle patrie ou les nôtres?

SECTION QUATRIÈME.

Des lois qui ont trait aux formalités extérieures des actes et à leur exécution forcée.

203. — Quelle est l'étendue d'application qu'il faut accorder à ces sortes de lois, soit quant aux *personnes*, soit quant aux *choses*, soit quant aux *lieux* qu'elles doivent être appelées à régir? (comp. MM. Aubry et Rau, t. 1 § 31, n°s IV et V, notes 59 à 84 et texte. — M. Demolombe, t. 1. n°s 105-108).

204. — Distinction de la *force probante* et de la *force exécutoire* des actes : — intérêt pratique de cette distinction.

205. — Distinction des formalités habilitantes, — substantielles ou non substantielles, — intrinsèques ou extrinsèques.

206. — Règle *locus regis actum* : — sa signification et sa portée.

207. — Cette règle est-elle *impérative* ou simplement *facultative*, pour le juge?

208. — La règle, *locus regis actum*, est-elle applicable

aux actes sous seing-privé aussi bien qu'aux actes publics ? — Controverse; discussion de la question. Solution affirmative : voy. Cass. 13 janvier 1857, Dev. 1857 — 1°-81).

209. — Cette règle ne serait pas applicable, s'il s'agissait de quelque formalité, qui ne pourrait être utilement accomplie qu'en France : v. g. art. 939 du Code civil.

210. — Les Français, en pays étranger, peuvent aussi recourir au ministère des consuls et des agents diplomatiques Français, qui sont, à cet effet, compétents pour recevoir certains actes : voy. les art. 48, 994 du Code civil, et l'ordonnance du 23 octobre 1833.

SECTION CINQUIÈME.

De l'effet des lois qui ont pour objet la sauvegarde soit d'un intérêt public, soit d'un intérêt privé.

211. — Art. 6 du Code civil : — sens et portée de cette disposition ; — sa légitimité. (Comp. art. 1134).

212. — *Quid* ordre public ? — Exemples.

213. — *Quid* bonnes mœurs ? — Exemples.

214. — Lorsque les tribunaux jugent que telle convention est contraire à l'ordre public et aux bonnes mœurs, ne rendent-ils pas une décision, toute de *fait*, et qui ne saurait donner ouverture à cassation ? (Comp. sur cette matière une remarquable dissertation publiée en 1867 dans la *Revue pratique de droit français*, t. XXV, pag. 444 et 524, par notre savant collègue, M. Emile Alglave; cette dissertation est intitulée *Définition de l'ordre public en matière civile*.

TROISIÈME PARTIE.

De l'application des lois et de leur autorité.

215. — La loi, une fois sanctionnée et régulièrement publiée, sort du domaine du pouvoir *législatif* : elle entre

désormais dans le domaine du pouvoir *judiciaire*, qui doit l'appliquer, et dans le domaine du pouvoir *exécutif*, qui doit en assurer l'observation et en procurer l'exécution.

216. — Dans l'application de la loi, les juges ne doivent jamais prononcer par voie de disposition générale et réglementaire. (Art. 5). — Exemples : comp. Mourlon, t. 1er, n° 87.

217. — Mais les juges doivent statuer sur toutes les causes qui leur sont soumises, sous peine de se rendre coupables de déni de justice. Comparez l'art. 4 du Code civil et l'art. 185 du Code pénal. — Explications et développements. M. Demolombe, t. 1er, n°s 111 à 113 et Mourlon, t. 1er, n°s 84 à 86.

218. — Quant à l'*autorité* de la loi, elle s'impose à tous les citoyens, tant qu'elle n'a pas été réformée : le pouvoir judiciaire et le pouvoir exécutif eux-mêmes sont liés par les lois existantes. Comp. M. Laurent, t. 1er, n°s 30 à 73, page 66 à 108. — Exposition et développement.

219. — Quelque bien faite que soit une loi, il est impossible qu'elle embrasse toutes les difficultés, si nombreuses et si variées, que chaque jour la pratique soulève (L. 10, Dig. liv. 1er, tit. 3, *de legibus*). Il faut alors recourir aux règles de l'interprétation.

QUATRIÈME PARTIE.

De l'interprétation des lois.

220. — Il convient d'étudier ici successivement deux points : 1° en quoi consiste l'interprétation des lois, et par quelles règles est-elle en général gouvernée ? — 2° De qui peut-elle émaner et quels sont ses effets ? Comp. M. Brocher, *Etude sur les principes généraux de l'interprétation des lois.*

221. — A. — D'abord en quoi consiste l'interprétation des lois ? — Définition. — Règles générales d'interpré-

tation. Comp. M. Demol., t. 1ᵉʳ, nᵒˢ 114-116 et Mourlon, t. 1ᵉʳ, nᵒˢ 88 et 89.

222. — B. — De qui émane l'interprétation des lois, et quels sont ses effets ? — Différentes espèces d'interprétation.

223. — De l'interprétation par voie de *doctrine*, émanant des écrivains et des jurisconsultes.

224. — De l'interprétation par voie d'*autorité* : — Elle peut être judiciaire ou législative. — Détails sur le mode de fonctionnement de l'interprétation judiciaire.

225. — De l'interprétation législative. — Notions historiques sur cette interprétation, appelée aussi interprétation officielle ou réglementaire.

226. — Effets de l'interprétation législative : elle est générale et obligatoire comme une loi. Comp. M. Demolombe, nᵒˢ 120 à 123, t. 1ᵉʳ, et Mourlon, t. 1ᵉʳ nᵒ 29.

CINQUIÈME PARTIE.

De l'abrogation des lois.

227. — Le pouvoir législatif peut modifier ou abroger des lois anciennes, de même qu'il peut créer des lois nouvelles. L'abrogation est expresse ou tacite.

228. — De l'abrogation expresse.

229. — De l'abrogation tacite. Comp. M. Demolombe, t. 1ᵉʳ nᵒˢ 126 à 129.

230. — Existe-t-il encore d'autres modes d'abrogation ? notamment l'abrogation d'une loi pourrait-elle résulter, soit de la cessation de ses motifs, ou de la disparition de l'ordre de choses pour lequel elle avait été faite, soit de la simple désuétude ? — solution négative, et réserves. *Sic* M. Demolombe, t. 1ᵉʳ nᵒ 130 ; *secùs* M. Trolley, cours de droit administratif, t. 1ᵉʳ, nᵒ 14, p. 21 ; — comp. Mourlon, t. 1, nᵒ 94 ; M. Acollas, t. 1, pages 14 et 15.

231.—Ici finissent les dispositions du titre préliminaire, et l'on va sortir des généralités du droit, pour aborder l'étude du livre 1ᵉʳ du Code civil, lequel traite des *personnes* d'une manière principale et directe.

LIVRE PREMIER.

DES PERSONNES.

232 — Sens légal du mot *personne*.

233. — Définition des personnes dites *physiques*.

134. — Définition des personnes dites *morales*, ou êtres de raison.

135. — Différents intérêts que peut avoir une corporation à être reconnue comme personne morale.

136. — Exposition sommaire des matières contenues dans le livre I, qui est véritablement la loi constitutive de la société civile française : — différentes causes susceptibles d'exercer une influence prépondérante sur l'état et la capacité des personnes (comp. M. Demol. t. 1, nᵒˢ 131-136 ; — MM. Aubry et Rau t. 1, § 52-54).

TITRE PREMIER.

De la jouissance, de l'exercice et de la privation des droits civils. Décreté le 17 ventôse an XI, promulgué le 27 ventôse (8-18 mars 1803),

237. — Distinction des droits *politiques* et des droits *civils* : leurs diverses sources : art. 7 Cod. civil ; — constitution du 14 janvier 1852, décret organique du 2-21 février 1852, art. 12 et 26 ; Sénatus consulte du 8 septembre 1869.

238. — De l'*exercice* et de la *jouissance* des droits civils : (art. 7, 8, 711, 724, 461 Cod. civil.); intérêt de cette distinction; exemples.

239. — Division doctrinale du titre premier en trois parties.

PREMIÈRE PARTIE.

Quelles personnes jouissent des droits civils en France?

240. — Tout *français*, dit l'art 8, *jouira* des droits civils : — Il faut donc rechercher quelles personnes sont Françaises dans le sens de la loi.

Or, on acquiert la qualité de Français de deux manières :
1° Par la naissance ou l'origine, *jure sanguinis*.
2° Par la naturalisation, en prenant ce mot *sensu lato* :

CHAPITRE PREMIER.

Des Français par droit de naissance.

242. — Exposition sommaire des principes admis par notre ancienne jurisprudence en cette matière.

243. — Que faut-il décider si la mère de l'enfant est française et son père étranger, ou réciproquement?

244. — Nationalité de l'enfant naturel reconnu : (l. 24, Dig. *de statu hominum*, liv. 1, tit. V) : — que faut-il décider si l'enfant naturel a été reconnu à la fois par son père et par sa mère, lorsque, par exemple, le père est Anglais et la mère française? L'enfant devra-t-il être déclaré anglais ou français? Controverse.

245. — Quelle est la nationalité de l'*enfant trouvé* en France, sans père, ni mère connus?

246. — Quel moment doit-on considérer pour déterminer la nationalité de l'enfant? Doit-on s'attacher uniquement au moment de la naissance, ou au contraire, peut-

on se reporter au moment de la conception, si dans l'intervalle qui s'est écoulé entre ces deux événements, le père ou la mère a changé de nationalité ? — Exemple choisi ; — controverse : — applications.

247. — L'enfant *né en France* de parents *qui n'ont plus de Patrie* est-il français ?

248. — Que faut-il décider à l'égard de l'enfant né de l'étranger admis par le chef du Gouvernement, (art. 13 Code civ.), à établir son domicile en France ?

249. Quelle solution doit-on faire prévaloir, lorsque la loi française se trouve en conflit avec une loi étrangère, au point de vue de la détermination de la nationalité d'un enfant ? (comp. M. Demol, t. 1, n°s 146-154 ; —MM. Aubry et Rau sur Zachariæ, t. 1, § 69).

CHAPITRE DEUXIÈME.

Des Français par l'effet de la naturalisation.

250. Il faut prendre ici le mot *naturalisation* dans son sens le plus large, en la définissant — un acte de la puissance publique par suite duquel un étranger perd sa nationalité d'origine et devient citoyen d'un nouvel Etat où il est admis à jouir désormais de tous les droits civils accordés aux regnicoles.

251. — Division du chapitre en trois sections.

SECTION PREMIÈRE.

Notions historiques sur la naturalisation.

252. — Développement de cette idée que la naturalisation ne saurait exister à l'origine des sociétés, parcequ'elles sont toujours exclusives au moment de leur formation : cette institution ne s'introduit, dans chaque législation, que lorsque les pouvoirs publics sont solidement assis : son développement correspond aux progrès de la civilisation.

253. — Preuves à l'appui de cette assertion : Législation de Spartes, d'Athènes. de l'ancienne Rome.

254. — *Droit Romain :* — Loi *Apuleia de coloniis*, rendue vers l'année 653.

Loi Gellia Cornelia (681).

Jules César s'attribue le droit d'accorder, à son gré, la qualité de citoyen Romain, honneur brigué même par les rois étrangers.

Vulgarisation du *jus civitatis* sous les empereurs : —Marc-Aurèle, Caracalla.

255. — *Droit ancien :* — A l'origine, on ne rencontre dans les *lois barbares* aucune institution analogue à la naturalisation.

Exclusivisme souvent cruel de la législation Germaine, Franque, Saxonne, Bourguignonne, vis-à-vis des étrangers.

Époque de la féodalité : — Assimilation des étrangers aux serfs, sous le nom d'*aubains* (alibi nati) ou d'*épaves* (expavefacti, égarés).

Intervention des rois : — Mode d'exercice des droits d'aubaine et de détraction ; établissement de la maxime : « *L'étranger vit libre et meurt serf en France.* »

Organisation des lettres de naturalisation ou naturalité, des déclarations de naturalité, des lettres de civilité ou d'adoption.

Naturalisation collective, (édits d'avril 1687, du 30 novembre 1715, de novembre 1667, du 15 juillet 1772, etc...).

Caractère général de notre institution : — Sous toute la monarchie ancienne, la *naturalisation* reste une *véritable faveur du souverain*, libre de l'accorder ou de la refuser.

256. — Vives protestations des philosophes et des économistes du dix huitième siècle en faveur des étrangers (voy. Montesquieu, Esprit des Lois, liv. XXI, chap. XVII ; — Laferrière, Histoire des principes, des Institutions et des Lois de la Révolution française).

257. — *Législation intermédiaire* : — la naturalisation prend alors un caractère tout nouveau : elle résulte, de plein droit, du concours de certaines circonstances et conditions, dont la réalisation et l'accomplissement opèrent la naturalisation, indépendamment de toute déclaration, soit du pouvoir exécutif, soit du pouvoir législatif. — Inconvénients graves que présentait, dans la pratique, cette absence de contrôle individuel.

Loi des 30 avril —2 mai 1790.

Décret du 18 août 1790 rendu par l'Assemblée constituante.

Constitution des 3-14 septembre 1791.

Constitution du 24 juin 1793.

Constitution du 5 fructidor an III.

Constitution du 22 frimaire an VIII.

Exposition du système organisé par ces différents documents législatifs : — applications pratiques ; — comment se combinaient les diverses règles établies successivement en matière de naturalisation, au moment du passage d'une constitution à une autre ? (comp. MM. Aubry et Rau t. 1 § 71 ; — M. Edmont Nicot, étude historique sur la naturalisation, pag. 19 et suiv.).

258. — *Droit nouveau* (1803-1873).

Au moment de la promulgation du Code civil, c'est toujours l'art. 3 de la constitution du 22 frimaire an VIII qui continue de former la base de la législation en fait de naturalisation.

Toutefois, de 1803 à 1848, plusieurs documents législatifs, extensifs d'ailleurs de l'action gouvernementale en cette matière, ont complété les dispositions anciennes ; parmi ces documents législatifs, les uns ont apporté des *entraves*, les autres ont accordé des *facilités* nouvelles à la naturalisation.

Il faut citer comme ayant apporté des *entraves* à la naturalisation, l'avis du conseil d'Etat des 18-20 prairial an XI (9 juin 1803), et le décret impérial du 17 mars 1809 : . (comp. art. 13 Cod. civil).

Règles qui en découlent ; — applications.

La naturalisation cesse d'opérer de plein droit : elle est subordonnée à l'obtention de lettres de naturalisation délivrées au nom du chef du gouvernement.

Il faut indiquer comme ayant apporté des *facilités* à la naturalisation, les sénatus-consultes organiques des 21 vendémiaire an XI et 19 février 1808.

Analyse de ces sénatus-consultes et des dispositions qu'ils contiennent.

Ordonnance du 4 juin 1814, art. 1.

Décret *provisoire* du 28 mars 1848.

Arrêté ministériel du 29 juin 1848.

Objet de ces différentes dispositions : leurs résultats pratiques.

Enfin, une loi des 13-21 novembre, 3-11 décembre 1849 vient coordonner les règles éparses jusque-là et organiser d'une manière complète le mécanisme de la naturalisation.

Explication détaillée de cette loi.

259. — Depuis 1849, plusieurs lois, décrets et sénatus-consultes ont achevé la réglementation de la matière, soit en formulant quelque principe nouveau, soit en donnant une plus grande extension aux anciens principes : ce sont :

— La loi des 22-29 janvier, 7-12 février 1851.

— La Constitution du 14 janvier 1852 (art. 48-51), combinée avec le décret du 25 janvier 1852, (art. 1, 5 et 24).

Le décret du 30 juin 1860, qui, rendu en exécution du Sénatus-consulte du 12 du même mois, contient des dispositions transitoires en faveur des sujets Sardes.

Le Sénatus-consulte du 14 juillet 1865 sur l'état des personnes et la naturalisation en Algérie.

Ajoutez la loi du 29 juin 1867 : — cette loi a remplacé les art. 1 et 2 de la loi des 13-21 novembre, 3-11 decembre

1849 par des dispositions nouvelles qui donnent des facilités plus grandes aux étrangers qui veulent se faire naturaliser en France.

Discussion de cette loi : — circonstances à la suite desquelles elle fut votée ;—exposition sommaire des dispositions qu'elle contient. Comparaison de l'état de notre législation française en matière de naturalisation, avec l'état actuel de quelques législations étrangères, — Autriche, Bavière, Belgique, Angleteterre, etc. (Comp. M. Edmond Nicot, étude historique sur la naturalisation, pag. 47 et suiv.)

260. — Il faut enfin mentionner le décret du 26 octobre 1870 relatif à la naturalisation des étrangers qui ont pris part à la guerre contre la Prusse. Leur situation est singulièrement privilégiée à plusieurs points de vue. — Développement.

SECTION DEUXIÈME.

Comment s'opère la naturalisation, en prenant ce mot sensu lato ?

261. — La naturalisation, en prenant ce mot dans son acception la plus étendue, peut s'accomplir de trois manières : 1° Par la réunion à la France d'un territoire étranger ; — 2° par le mode *général* et ordinaire de naturalisation établi à l'usage des étrangers, soit par le code civil, soit par les actes législatifs antérieurs ou postérieurs à ce Code, qui sont encore en vigueur ; — 3° Par les modes *spéciaux* et privilégiés de naturalisation que le Code civil, combiné avec quelques lois particulières, accorde à certains étrangers que le législateur a jugés plus dignes de faveur que les autres.

§ Ier.

De l'acquisition de la qualité de français par la réunion à la France d'un territoire étranger.

262. La naturalisation opère ici *ipso facto*, d'une manière *réelle* et *collective*. (Comp. le traité du 24 mars 1860, entre la France et la Sardaigne ; — le Sénatus consulte du 12 juin 1860 ; — voy. MM. Aubry et Rau, t. I, § 72, et M. Demolombe, t. 1, n° 157).

Cette matière appartient surtout au droit public et au droit politique.

§ 2.

De la naturalisation ordinaire ou proprement dite, c'est-à-dire de l'acquisition de la qualité de Français par l'accomplissement des conditions habituellement requises des étrangers, aux termes des actes législatifs soit antérieurs, soit postérieurs à la promulgation du Code civil.

263. — Pour déterminer comment s'opère cette naturalisation, il faut combiner l'art. 3 de la Constitution du 22 frimaire an VIII, avec la loi des 13-21 novembre, 3-11 décembre 1849 complétée et modifiée par la loi du 29 juin 1867.

264. — *Six* conditions nous paraissent dès lors à la fois nécessaires et suffisantes aujourd'hui :

1° Avoir, après l'âge de 21 ans accomplis, obtenu du gouvernement l'autorisation d'établir son domicile en France, conformément à l'art. 13 du Code civil ; (art. 1 l. 29 juin 1867).

2° Avoir effectivement résidé (1) en France durant trois

---

(1) Le séjour en pays étranger, pour l'exercice d'une fonction conférée par le gouvernement français, est assimilé à la résidence en France par l'art. 1 al. 3 de la loi du 29 juin 1867.

années ; ce stage de trois ans commence à courir du jour où la demande formée par l'étranger, pour être admis à établir son domicile en France, a été enregistrée au ministère de la justice; (art. 1, l. 29 juin 1867).

3° Aux termes de l'art. 2 de la loi du 29 juin 1867, le stage peut être réduit à une année, non-seulement pour les diverses causes indiquées dans la loi du 3 décembre 1849 (art. 2), mais encore en faveur des étrangers qui ont créé en France de grandes exploitations *agricoles*.

4. Il faut une enquête du gouvernement sur la moralité de l'étranger ; (art. 1 *in fine* l. 29 juin 1867) ;

5° Le conseil d'Etat doit être *entendu* et donner son avis (art. 1 *in fine* l. 29 juin 1867). Le chef du gouvernement est d'ailleurs indépendant et peut rendre une décision autorisant la naturalisation, même malgré l'avis contraire du conseil d'Etat.

6° Il est statué sur la demande en naturalisation par un décret du chef de l'Etat, rendu sur le rapport du ministre de la justice. Il faut donc un acte du pouvoir exécutif répondant favorablement à la demande de l'étranger ; (art. 1 dernier alinéa, l. 29 juin 1867).

Il n'y a plus lieu de distinguer aujourd'hui la naturalisation *simple* et la *grande* naturalisation. Tout étranger, devenu français par la réunion des diverses conditions énumérées plus haut acquiert la plénitude de la capacité *civile* et *politique* : il devient non-seulement électeur, mais même éligible ; il peut être appelé à siéger dans les assemblées politiques: voy. l'art. 28 de la constitution du 14 janvier 1852 ; — rapprochez les art. 12 et 26 du décret du 2 février 1852 ; — consultez surtout les termes formels de la loi du 29 juin 1867, art. 1 et 3.

§ 3.

De la naturalisation par les modes **spéciaux** et **privilégiés**, accordés à certains étrangers que le Code civil ou des lois antérieures ou postérieures à la promulgation de ce Code, ont jugés particulièrement dignes de faveur ; — en d'autres termes, de l'acquisition de la qualité de Français par le bienfait de la loi. (Comp. M. Demolombe t. 1, n°ˢ 161-172 — MM. Aubry et Rau t. 1, parag. 70.)

265. — On peut distinguer aujourd'hui dix circonstances principales dans lesquelles peut se réaliser l'acquisition de la qualité de Français par le bienfait de la loi : parmi ces différents modes de naturalisation privilégiée, les uns servent à faire *obtenir* le bénéfice de la nationalité Française dont une personne avait toujours été privée, les autres permettent de *recouvrer* la qualité de Français précédemment perdue : cinq d'entre eux sont organisés par les textes mêmes du Code civil ; les cinq autres procèdent de lois particulières, la plupart postérieures à la promulgation de ce Code.

266. — Premier cas : — *Il s'agit des individus nés en France d'un étranger.*

Disposition de l'article 9 du Code civil.

Conditions que doit remplir celui qui veut profiter du bénéfice de l'art. 9.

Motifs qui servent de base à cette décision de la loi.

A partir de quel moment l'étranger, qui se place dans la situation privilégiée visée par l'art. 9, devient-il Français ? Est-ce du jour de sa naissance, grâce une rétroactivité de faveur ? Est-ce, au contraire seulement à partir du jour où il aura fait la déclaration prescrite par l'art. 9 ? — Controverse. (comp. MM. Aubry et Rau, t. I § 70, note 10 ; — M. Demolombe t. 1, n° 163).

L'enfant d'un étranger, *né* en pays étranger, pourrait-il invoquer l'art. 9, en alléguant qu'il aurait été conçu en France ? — Discussion ; — solution négative.

A quelle *majorité* l'art. 9 se réfère-t-il ? A la majorité telle qu'elle est déterminée par la loi française (art. 488

Cod. civ.)? Ou bien à la majorité telle qu'elle est fixée par le statut personnel de l'étranger?

L'individu, dont il est question dans l'art. 9, restant étranger tant qu'il n'a point rempli les formalités prescrites par ce texte, ne peut pas être soumis, durant l'époque de suspension de sa situation civile, aux charges qu'entraîne habituellement avec elle la qualité de Français : voy. l'art. 2 de la loi du 31 mars 1832 sur le recrutement de l'armée : comparez la loi du 27 juillet — 17 août 1872, art. 1 et 7.

Mais ne peut-il pas être admis à jouir, du moins provisoirement des avantages de la qualité de Français, par exemple se faire inscrire à l'effet de prendre part au concours pour l'Ecole polytechnique? (Comp. Jugement du Tribunal civil de la Seine du 20 avril 1840, Dev. 1850 — 2—465 ; — Paris, 14 juillet 1856 et 30 juillet 1859, Dev. 1859—2—682 ; — Cass. 31 décembre 1860, Dev. 1861— 1—227 ; — loi du 23 mai 1853, art. 3).

Les conditions prescrites par l'art. 9 pourraient-elles, en cas d'urgence, être remplies à l'avance par l'individu né en France d'un étranger, sans attendre l'époque de sa majorité?

Pourraient-elles être remplies *après l'expiration de l'année* qui aurait suivi cette majorité? — Solution négative.

Si toutefois il s'agissait d'un enfant naturel, né en France d'une Française, et qui après sa 22me année aurait été reconnu par un *père étranger*, cet enfant devrait, nonobstant les termes limitatifs de l'art. 9, être admis à faire sa déclaration dans l'année de la reconnaissance. (Comp. Cass. 5 juillet 1840, Dev. 1840—1—900).

Il n'est pas nécessaire que l'individu, qui invoque la disposition de l'art. 9, sollicite et obtienne un décret ou des lettres de déclaration de naturalité.

267. — Second cas : — *Il s'agit d'individus, nés en pays étranger de parents français d'origine, mais qui ont ensuite perdu cette qualité.*

Disposition de l'art. 10 al. 2 : — **Motifs de la loi.**
Développement et commentaire.

268. — Troisième cas : — *Il s'agit des femmes étrangères qui épousent des Français.*

Décision de l'art. 12 du Code civil : — Motifs et portée de ce texte.

L'étrangère, qui est devenue Française par son mariage avec un Français, perd-elle cette qualité, et redevient-elle étrangère, par le décès de son mari ?

269. — Quatrième cas : — *Il s'agit de personnes, françaises d'origine, mais qui avaient perdu cette qualité par la naturalisation acquise en pays étranger.*

Conditions prescrites par l'art. 18 du Code civil.

Voyez toutefois la réserve faite par l'art. 21 al. 2.

Motifs de ces différentes dispositions ; — développement et commentaire.

270. — Cinquième cas : — *Il s'agit des femmes, Françaises de naissance, qui ont épousé des étrangers, et qui, étant devenues veuves, désirent recouvrer la qualité de Françaises, que leur mariage leur avait fait perdre.*

Décision de l'art. 19 al. 2 : — Motifs de cette règle de faveur ; — conditions auxquelles l'obtention du privilège est subordonnée.

Que faut-il décider en cas de divorce ?

L'autorisation du chef de l'Etat est-elle nécessaire pour acquérir ou recouvrer la qualité de Français, dans les divers cas régis par le Code civil ?

La qualité de Français peut-elle s'acquérir uniquement par une résidence prolongée en France ? — Quel est l'état des familles étrangères qui sont établies depuis longtemps en France, mais qui n'ont pas rempli les conditions légales de la naturalisation ?

271. — Sixième cas : — *Il s'agit des étrangers qui ont subi la loi du recrutement et se sont laissés enrôler dans*

l'armée française de terre ou de mer sans exciper de leur extranéité en protestant contre l'erreur commise à leur préjudice.

Loi des 22-25 mars 1849, article unique, modifiant l'art. 9 du Code civil.

Explication des motifs qui ont présidé à la rédaction de cette loi ; — conditions requises.

Observez le peu d'harmonie qui existe entre cette loi civile et la loi du 21 mars 1832 sur le recrutement, art. 2 et 32 ; comparez la loi nouvelle du 27 juillet — 17 août 1872 sur le même objet.

272. — Septième cas : — *Il s'agit des individus nés en en France d'étrangers qui, eux-mêmes y étaient nés.*

Article 1 de la loi des 22-29 janvier, 7-12 février 1851 : — conditions exigées ; — motifs de la nouvelle loi.

L'individu dont il est question, dans l'art. 1 de la loi du 7 février 1851, est Français, tant que la condition *résolutoire* sous laquelle il peut devenir étranger n'est pas accomplie : de là il suit qu'il doit obtenir tous les avantages de la qualité de Français et en supporter toutes les charges : — discussion et développement de cette double idée : (comp. M. Demolombe, t. I, n° 165 *ter*).

L'article 1 de la loi du 7 février 1851 n'exige aucune condition de résidence en France, ni de la part de l'individu qui en invoque l'application, ni de la part de son auteur.

273. — Huitième cas : — *Il s'agit des enfants, nés de parents d'origine étrangère, qui se sont fait naturaliser en France.*

L'art. 2 de la loi du 7 février 1851 déclare que l'article 9 du Code civil est applicable aux enfants de l'étranger naturalisé : — Distinctions à faire.

L'acquisition de la qualité de Français a-t-elle, dans ce cas, un effet rétroactif? (Comp. M. Demolombe, t. I, n°s 165 *sexto* et 165 *septimo*).

274. — Neuvième cas. — *Il s'agit des descendants de personnes expatriées pour cause de religion.*

Décision de l'art. 22 du décret des 9-15 décembre 1790, relatif au mode de restitution des biens des religionnaires fugitifs : — Ce texte est encore aujourd'hui en vigueur : — Motifs qui l'ont fait édicter ; — Principes qu'il contient.

275. — Dixième et dernier cas. — *Il s'agit des étrangers ayant pris part à la guerre contre la Prusse* : décret du 26 octobre 1870. — Exposition et développement.

SECTION TROISIÈME.

Quels sont les effets de la naturalisation ?

276. — La naturalisation confère aujourd'hui à celui qui en reçoit le bénéfice la plénitude des droits civils et des droits politiques : — Développement.

277. — Les effets de la naturalisation sont-ils personnels à l'étranger lui-même qui l'a obtenue ? — Ou bien s'étendent-ils également à sa famille, à sa femme et à ses enfants mineurs ou majeurs ? — Controverse; discussion.

278. — La naturalisation n'opère-t-elle que pour l'avenir ? Ou bien produit-elle des effets rétroactifs ? Faut-il encore faire une différence entre les lettres de naturalisation et les lettres de naturalité ?

DEUXIEME PARTIE.

Comment les personnes, qui jouissent des droits civils français, peuvent-elles en être privées.

279. — La privation des droits civils résulte :

1° De la perte de la qualité de Français ; ou

2° De certaines condamnations judiciaires.

CHAPITRE PREMIER.

De la privation des droits civils par la perte de la qualité de Français (Art. 17-21, Cod. civil.)

280. — La perte de la qualité de Français peut résulter de sept causes :

1° Du démembrement d'une partie du territoire français ;

2° De la naturalisation acquise en pays étranger ;

3° De la possession ou du trafic des esclaves, même en pays étranger ;

4° De l'acceptation, non autorisée par le chef de l'État, de fonctions publiques conférées par un gouvernement étranger ;

5° De tout établissement fait, en pays étranger, sans esprit de retour ;

6° Du mariage contracté par une Française avec un étranger ;

7° De l'acceptation du service militaire à l'étranger ou de l'affiliation à une corporation militaire étrangère, sans l'autorisation du chef de l'État.

SECTION PREMIERE.

De la perte de la qualité de Français par suite du démembrement d'une partie du territoire français.

281. — Silence du Code civil sur cette matière.

282. — Examen de la loi du 14 octobre 1814.

283. — Texte de l'art. 2 du traité conclu, le 18 mai 1871, entre la France et l'Allemagne. — Comparez Nancy, 31 août 1871 (Dev. 1871-2-129) et Vesoul 19 juillet 1871 (Dev. 71-2-185).

SECTION DEUXIÈME.

De la perte de la qualité de Français par la naturalisation acquise en pays étranger (art. 17, n° 1).

283. — Motifs de la loi.
Ses conditions d'application.

SECTION TROISIÈME.

De la perte de la qualité de Français à raison de la possession ou du trafic des esclaves, même en pays étranger.

284. — Décret du gouvernement provisoire du 27 avril 1848, art. 8, modifié par la loi du 28 mai 1858.

Développements: (comp. M. Acollas t. I, Manuel de Droit civil, pag. 46).

SECTION QUATRIÈME.

De la perte de la qualité de Français, par suite de l'acceptation, non autorisée par le chef de l'État, de fonctions publiques conférées par un gouvernement étranger (art. 17 n° 2.)

285. — *Quid*, fonctions publiques, dans le sens de l'art. 17 al. 2 ?

286. — Que décider, quant à l'exercice de la profession d'avocat, de médecin, d'instituteur, de ministre du culte ?

SECTION CINQUIÈME.

De la perte de la qualité de Français à raison de l'etablissement fait en pays étranger sans esprit de retour (art. 17 n° 3.)

287. — Que faut-il entendre par *établissement* ?

288. — *Quid* esprit de retour ? — Il est présumé jusqu'à la preuve du contraire.

289. — En quoi consiste l'exception relative aux établissements de commerce ? — Motifs de cette exception : — limitation qu'il convient d'y apporter.

SECTION SIXIÈME.

De la perte de la qualité de Français résultant du mariage d'une Française avec un étranger (art. 19.)

290. — Motifs et portée de l'art. 19.

Quid, si le mariage avec l'étranger vient à être déclaré nul ?

Quid, si la femme est mineure au moment du mariage? (art. 1309 et 1398.)

SECTION SEPTIÈME.

De la perte de la qualité de Français, produite par l'acceptation du service militaire à l'étranger ou par l'affiliation à une corporation militaire étrangère, sans l'autorisation du chef de l'Etat (art. 21).

291. — Disposition de l'art. 21 : — ses motifs ; — sa portée.

292. — Décret du 6 avril 1809.

Décret du 26 août 1811.

Examen de ces décrets : — leurs dispositions rigoureuses.

Ces décrets doivent-ils être considérés comme ayant été revêtus d'une existence *légale*?

Sont-ils aujourd'hui abrogés ? — Et dans quelle mesure ?

CHAPITRE SECOND.

De la privation des droits civils par suite de condamnations judiciaires, (art. 22-33 Cod. civil ; — loi du 31 mai — 3 juin 1854 ; — loi du 8 juin 1850).

293. — La privation de droits civils, comme conséquence de certaines condamnations judiciaires, est-elle morale et légitime ? — N'est-elle pas de nature à dégrader le coupable plutôt qu'à l'améliorer ? — Développements.

294. — Classification générale des différentes espèces de condamnations et de peines, (art 1-12 du Code pénal ; — voy. aussi M. Acollas, t. I, manuel de droit civil, pag. 53).

— Explications fournies incidemment sur la *surveillance spéciale de la haute police*, et sur ses conséquences.

295. — Quels sont les différents états d'incapacité organisés à titre de peine ?

Il y avait, autrefois, la *mort civile*, écartée en matière de déportation par une première loi du 8 juin 1850, et enfin abolie complétement, sans aucunes restrictions, par la loi du 31 mai — 3 juin 1854. — Aujourd'hui, il faut signaler *la dégradation civique*, l'*interdiction légale*, et puis toute une *série d'incapacités*, spéciales et accessoires, organisées, suivant certaines distinctions, par l'art. 3 de la loi du 31 mai 1854.

SECTION PREMIÈRE.

De la mort civile.

296. — Utilité de notions assez complètes sur cette institution, cependant disparue aujourd'hui, à raison des traces profondes qu'elle a laissées dans notre législation : voyez notamment les art. 227, 390, 617, 718, 744, 1441, 1462, 1517, 1865, 1939, 1982, et 2003.

297. — Division du sujet en quatre paragraphes.

§ 1.

Notions générales. — Aperçu historique.

298. — Définition de la mort civile.

299. — Ordonnance criminelle de 1670.

300. — Législation intermédiaire : — Lois du 28 mars 1793 et du 17 septembre 1793.

301. — Code civil, art. 23 et 24 ; — Code pénal, art. 18. Loi des 5-22 avril et 8 juin 1850.

Différentes causes de mort civile, autres que la condamnation aux galères à perpétuité, à la peine de mort ou au bannissement perpétuel hors du royaume :

1° De la profession religieuse, consommée par l'émission de vœux monastiques solennels : voyez toutefois la loi des 13-19 février 1790.

Que faudrait-il décider aujourd'hui, en ce qui concerne les étrangers sujets de pays dont la législation admettrait encore la profession religieuse comme une cause de mort civile, ces étrangers ayant, en fait, des biens en France?

2° De l'émigration, (loi du 28 mars 1793); — comp. le Sénatus-consulte du 6 floreal an X et la Charte du 4 juin 1814.

3° Dispositions rigoureuses des art. 22, 26, 28 et 29 du décret du 6 avril 1809 ; — comp. le décret du 26 août 1811 et le Code pénal de 1810.

Distinction entre la simple privation des droits civils et la véritable mort civile : voyez, sur tous ces points, MM. Aubry et Rau, Cours de Droit civil français, t. I, § 80.

§ 2.

Quel était, sous l'empire du Code civil, le caractère de la mort civile, et à quelles peines était-elle attachée ?

302. — La mort civile constituait une modification de *l'état* du condamné : conséquences : comp. art. 32, cod. civ. et 535, Cod. inst. crim.

A quelles peines la mort civile était-elle attachée ? (Art. 18, cod. pén.; art. 23 et 24, Cod. civ. Développements. (Comp. M. Demolombe, t. I, n°ˢ 195-198.)

§ 3.

Des effets de la mort civile.

303. — Disposition de l'art. 25 du Code civ. — Explication détaillée : — Art. 33, Cod. civ. — Immoralité des conséquences légales.

L'art. 25 était-il limitatif? (Voyez M. Demolombe, t. I, n° 208; — Mourlon, t. I, n°ˢ 215 et 216).

Le mort civilement cessait-il d'être français? — Devait-il la caution *judicatum solvi* ? Pouvait-il avoir un domicile ?

La mort civile produisait-elle , à l'égard des tiers, les

mêmes effets que la mort naturelle ? — Examen des diverses hypothèses.

§ 4.

A quel moment la mort civile était-elle encourue?

304. — Disposition de l'art. 26, Cod. civ. : la mort civile ne peut être encourue qu'autant que la peine a été exécutée soit réellement, soit par effigie. — En quoi consiste l'exécution par effigie ? (Art. 472, Cod. inst. crim., modifié par la loi du 2 janvier 1850). — Sens de ces expressions employées par l'art. 26 : « *à compter du jour* de l'exécution... » (Comp. M. Demolombe, t. 1, n° 217).

La mort civile ne résulte pas toujours immédiatement de l'exécution même. — Distinction entre les condamnations contradictoires et les condamnations par contumace.

305. — *Condamnations contradictoires.* — A quel moment la mort civile est-elle encourue dans cette hypothèse ?

En quoi consiste l'exécution des différentes peines auxquelles la mort civile est attachée ?

Quel aurait été le sort des actes passés par le condamné, dans l'intervalle de sa condamnation à l'exécution soit réelle, soit par effigie.

306. — *Des condamnations par contumace.* — Différentes idées à concilier. — Art. 465 et 466 Cod. inst. crim. Énumération des trois périodes à distinguer dans l'état du condamné par contumace.

Première période, — à partir de l'exécution par effigie jusqu'à l'expiration les cinq années suivantes.

C'est un délai de grâce : la mort civile est suspendue : voy. les art. 27 et 28 Cod. civil.

Quid si, avant l'expiration des cinq ans, le condamné par contumace est constitué prisonnier par suite de son arrestation ou de sa représentation volontaire? (art. 29 et 31 Cod. civil; art. 476 Cod inst. crim.). *Quid* s'il vient à décéder naturellement? (art. 31 Cod. civil).

Quel serait le sort des actes juridiques passés par le contumax durant cette première période?

Deuxième période, — depuis l'expiration des cinq ans qui suivent l'exécution par effigie, jusqu'au terme du délai de vingt ans, à compter de l'arrêt de condamnation.

Le contumax est frappé de mort civile : art. 27, 30 Cod. civil; art. 471, 635, 641, Cod. inst. crim.

Mais il peut encore se représenter (art. 30 Cod. civil).

En cas de représentation volontaire ou forcée du condamné, à quel moment la mort civile cesse-t-elle de le frapper?

Quels étaient les effets de la mort civile maintenue pour le passé?

Troisième période, — depuis l'expiration des vingt ans, après lesquels la contumace ne peut plus être purgée, jusqu'à la mort naturelle du condamné.

La peine est prescrite, et la mort civile désormais irrévocable : voy. les art. 635, 641 Cod. inst. crim.; et les art. 27, 32 et 33 Cod. civil.

Lorsqu'on n'a point eu de nouvelles du contumax depuis sa disparition, doit-on appliquer les effets de la mort civile ou seulement les effets ordinaires de l'absence? (comp. art. 27, 120 et 123 Cod. civil; — M. Demol., t. I, n° 234).

Effets de la grâce ou de la commutation de peine accordée par le chef de l'État à l'individu condamné à une peine emportant la mort civile? Effets de l'amnistie.

SECTION DEUXIÈME.

État actuel des individus condamnés à des peines afflictives perpétuelles, depuis la loi du 31 mai, — 5 juin 1854 portant abolition de la mort civile.

§ 307. — Motifs principaux de la suppression de la mort

civile. — Première satisfaction donnée, sur ce point, à l'opinion publique, par la loi des 5-22 avril, 8-16 juin 1850 sur la déportation, art. 3.

308. — Réformation radicale de tout le système ancien par la loi du 31 mai — 3 juin 1854. Economie générale de cette loi : — Exposition.

Division doctrinale en trois paragraphes.

§ 1.

Etat général du condamné à une peine afflictive perpétuelle.

309. — Art. 1 et 2 de la loi du 31 mai 1854.
Dégradation civique.
Interdiction légale : — Quelques détails sur la surveillance de la haute police : (art. 11 Cod. pén.).

Enumération des différentes condamnations qui sont susceptibles d'entraîner les conséquences édictées par les art. 1 et 2 de la loi du 31 mai 1854.

Parallèle entre le régime ancien et le régime nouveau. Sous quels rapports la condition des condamnés a-t-elle été améliorée par la loi nouvelle ? — Sous quels rapports est-elle restée la même ? — Sous quels rapports a-t-elle été aggravée ? (Mourlon, Rép. écr., t. I, n°s 217-222).

N° 1. De la dégradation civique.

310. — En quoi consiste la dégradation civique ? (Art. 34 Cod. pén.; art. 619 et 635 Cod. Inst. crim.).

A partir de quel moment la dégradation civique est-elle encourue par le condamné à une peine afflictive perpétuelle ? — Distinction entre les condamnations contradictoires et les condamnations par contumace.

Du cas où la condamnation est *contradictoire :* Art. 28 Cod. pén.; — art. 373-375 Cod. Inst. crim.

Du cas où la condamnation est par *contumace*.

Nouvel examen des différentes périodes de la contumace, à l'égard des condamnés à une peine afflictive perpétuelle, et exposition de l'état du contumax dans chacune d'elles, au point de vue de la dégradation civique. — Développements.

N'y a-t-il pas des cas où la dégradation civique peut exister comme peine principale? (Art. 111, 114, 127 et 130 du Code pénal).

Différents événements susceptibles ou non susceptibles d'entraîner, même du vivant du condamné, la cessation de la dégradation civique. — Distinguer encore ici les condamnations *contradictoires* d'avec les condamnations *par contumace*.

Du cas où la condamnation a été *contradictoire* : — *quid* de l'expiration du temps fixé pour la durée de la peine corporelle infligée au condamné? (Art. 619, Cod. inst. crim.) — *Quid* de l'amnistie? — *Quid* de la grâce? — *Quid* de la prescription de la peine? (Art. 619 et 635, Cod. inst. crim.). — *Quid* de la réhabilitation? (Art. 619 à 634, Cod. inst. crim.) — de la révision? (Art. 443 à 447, Cod. inst. crim. modifiés par la loi du 29 juin 1867).

De l'hypothèse où la condamnation a eu lieu *par contumace*. — Situation du condamné qui comparait volontairement ou forcément avant la prescription de la peine, — et effets de l'amnistie, au point de vue spécial de la dégradation civique.

N° 2 : *De l'interdiction légale.*

311. — En quoi consiste l'interdiction légale? (Art. 29, 30 et 31, Cod. pén.). — Son caractère distinctif : comparaison avec l'interdiction judiciaire. (Art. 489 et suiv.; Code civil).

Quels sont les effets et quelle est, au juste, l'étendue de l'interdiction légale qui frappe le condamné à une peine afflictive perpétuelle ? (M. Demol, t. I, n° 192).

Quel serait le sort des aliénations ou des obligations consenties, au mépris des prohibitions du Code, par *l'interdit légal* ? Ces actes seraient-ils frappés d'une nullité absolue ? ou d'une nullité simplement relative ?

A partir de quel moment l'interdiction légale est-elle encourue par le condamné ? — Examen de la question dans l'hypothèse d'une condamnation *contradictoire* : art. 23 et 29, Code pén. ?

L'interdiction légale ne peut jamais résulter des condamnations *par contumace* : — Discussion et démonstration : (voy. les art. 29, Cod. pén. et 465, 471, 476, inst. crim.)

Quels effets peuvent être produits, sur l'interdiction légale par : — 1° l'expiration du temps fixé pour la durée de la peine corporelle infligée au condamné, — 2° la prescription de la peine; — 3° l'amnistie; — 4° la grâce; — 5° la réhabilitation; — 6° la révision. Parmi ces divers événements, quels sont ceux qui entraînent la cessation de l'interdiction légale ?

§ 2.

Des incapacités spéciales qui atteignent le condamné à une peine afflictive perpétuelle.

312. — Dispositions des art. 3 et 4 de la loi du 31 mai — 3 juin 1854.

— Les incapacités spéciales prononcées par l'article 3, ont pour résultat d'enlever au condamné, non pas seulement *l'exercice*, mais la *jouissance* elle-même des droits auxquels elles s'appliquent. — Conséquences.

— Ces incapacités ne sont pas des conséquences de l'interdiction légale :

— D'où il résulte que l'article 3 de la loi du 31 mai 1854 ne doit exercer aucune influence sur le sort des diverses théories, auxquelles l'interprétation de l'article 29 du Code pénal a donné lieu.

— Les institutions contractuelles, qui ont été faites antérieurement à la condamnation, soit par le condamné, soit au profit du condamné, sont-elles comprises dans l'article 3 ?

— C'est dans les termes les plus généraux que le condamné est déclaré incapable de disposer ou de recevoir par donation entre-vifs ou par testament. — Conséquences. — Observations.

— Le tuteur et le conseil de famille du condamné interdit, peuvent-ils, aux termes de l'article 511, attribuer une dot ou un avancement d'hoirie à ses enfants ?

— Les incapacités spéciales, décrétées par le premier alinéa de l'article 3, ne sont applicables au condamné par contumace que cinq ans après l'exécution par effigie : — D'où il résulte que s'il meurt, s'il reparaît ou s'il est arrêté avant l'expiration de ce délai, aucune de ces incapacités n'aura pu l'atteindre; et il faut alors appliquer les anciens articles 29 et 31 du Code civil.

— Mais faut-il aussi appliquer l'ancien article 30 ? En d'autres termes, lorsque le condamné par contumace ne s'est représenté ou n'a été arrêté qu'après les cinq ans, est-il atteint des incapacités spéciales décrétées par l'article 3, de telle sorte qu'il n'en puisse plus être relevé pour le passé, mais seulement pour l'avenir ?

— Appréciation du mérite des incapacités spéciales décrétées par l'article 3.

De la faculté, qui appartient au gouvernement de relever le condamné de tout ou partie des incapacités qu'il a encourues, et de lui accorder l'exercice, dans le lieu de l'exécution de sa peine, des droits civils ou de quelques-uns de ces droits, dont il a été privé par son état d'interdiction.

Motifs, caractère particulier et étendue de cette prérogative du Gouvernement

L'article 4 de la loi du 31 mai 1854 déroge tout à la fois à l'article 18 du Code pénal et à l'article 3 de la loi du 8 juin 1850 sur la déportation : — Conséquences.

Le testament que le condamné avait fait, antérieurement à sa condamnation devenue définitive, doit-il être exécuté, dans le cas où il se trouverait, au moment de sa mort, capable de transmettre par testament?

Parallèle entre l'état des condamnés à une peine afflictive perpétuelle et l'état des condamnés à des peines afflictives simplement temporaires : —double différence à signaler.

§ 3.

Dispositions transitoires.

313. — Les effets de la mort civile cessent, pour l'avenir, à l'égard des condamnés actuellement morts civilement, sauf les droits acquis à des tiers.

— Les anciens condamnés n'étant rendus à la vie civile que pour l'avenir, il résulte de là une situation semblable à celle que faisait naître l'article 30 du Code civil, qui ne restituait aussi la vie civile que pour l'avenir au condamné par contumace, qui ne s'était représenté qu'après les cinq ans, lors même qu'il avait été acquitté —Conséquences.

— L'article 5 de notre loi n'a pas pour effet de faire revivre le mariage de l'ancien mort civilement avec son conjoint —Conséquences.

— Pour l'avenir, les anciens morts civilement sont placés sous le régime établi par la loi du 31 mai 1854.

— Cette loi n'est pas applicable, d'après son article 6, *aux condamnations à la déportation pour crimes commis antérieurement à sa promulgation.* — Explication du motif et du but de cette disposition transitoire.

APPENDICE

DE L'INTERDICTION A TEMPS DE CERTAINS DROITS CIVIQUES, CIVILS ET DE FAMILLE.

314. — Il s'agit ici des incapacités spéciales que les tribunaux, jugeant correctionellement, *peuvent* ou *doivent* même, dans certains cas déterminés par la loi, prononcer à titre de peine : voy. les art. 9, 42, 91, 123, 388, 401, 405, 406 et 410 du Code pénal qui réglementent l'interdiction *facultative* : — Cette interdiction devient *obligatoire* dans les cas prévus par les art. 109, 112, 113, 171, 175, 185, 187, 197 et 335 du Code pénal.

315. — Sous quels rapports cette interdiction correctionnelle diffère-t-elle de la dégradation civique ? (Comp. MM. Aubry et Rau, t. I, 885 *bis*, n° 2;—Mourlon, Rép. écr., t. I, n° 233).

TROISIEME PARTIE.

*Quelle est la condition juridique des étrangers en France.

316. — Dans tous les pays, il y a des lois d'une application générale et universelle; il y a aussi des lois spéciales aux nationaux.

Situation des étrangers (aubains ou épaves), sous l'empire de notre *ancienne législation française*, au point de vue de la jouissance des Droits civils : détails sur le droit *d'aubaine* et le droit de *détraction*.

Législation intermédiaire : lois des 6-18 août 1790, et des 8-15 avril 1791, art. 3,

Code Napoléon : système de la réciprocité la plus parfaite : art. 11, 726, 912.

Loi du 14 juillet 1819. — Développement de ses dispositions : (Comp. M. Demolombe, t. 1, n° 244.)

Division des étrangers en deux catégories, d'après la législation actuelle, suivant qu'ils n'ont pas été admis par le chef de l'Etat à établir leur domicile en France,—ou qu'ils y ont été admis par application de l'art. 13, Cod. Nap.

CHAPITRE PREMIER.

Des étrangers en général, c'est-à-dire de ceux qui n'ont pas été admis par le chef de l'Etat à établir leur domicile en France.

317. — Les étrangers ne jouissent pas des droits politiques, c'est-à-dire de tous les droits qui consistent dans la participation directe ou indirecte des citoyens à l'exercice de la puissance publique ; — v. g. — être jurés, électeurs, témoins dans les actes notariés ou dans les testaments (art. 980), etc.

Quid de la profession d'avocat devant les tribunaux français ?

Dispositions des art. 272, Cod. pén., et 7-9 de la loi du 3 décembre 1849, permettant au gouvernement d'expulser, par mesure administrative, les étrangers dangereux.

Un étranger peut-il adopter un français, — ou un français adopter un étranger ?

Un étranger peut-il être tuteur ou membre d'un conseil de famille en France ? — Cas particulier de l'art. 390.

Les fabricants étrangers peuvent-ils se plaindre, en France, de l'apposition de leurs marques de fabrique ou de leurs noms sur des produits commerciaux mis en vente par des Français ? (Loi du 23 juin 1857 sur les *marques de fabrique et de commerce*, art. 5 et 6.)

Plus généralement, quels sont ceux des droits civils dont les étrangers jouissent en France ? — Lesquels, au contraire, doit-on leur refuser ? — Controverse : exposition des différents systèmes proposés par la doctrine et la jurisprudence.

Adoption du système, présenté par M. Demolombe (t. 1 n°s 240 et suiv.), d'après lequel les étrangers doivent avoir en France, la jouissance seulement de ceux des droits civils qui leur sont concédés par les traités (réciprocité diplomatique), ou par une disposition soit *expresse*, soit *tacite* de la loi française. Développement de cette doctrine et explication de l'art. 11. Insister particulièrement sur l'idée suivante : toutes les fois que la loi française accorde aux étrangers une faculté principale, elle leur concède, par là même, implicitement mais nécessairement, toutes les facultés secondaires qui sont les conditions indispensables à l'exercice du droit civil principal; qui veut la fin, veut les moyens. Application de cette théorie, notamment à la matière de la prescription : (comp. nos *considérations générales sur l'acquisition ou la libération par l'effet du temps*, n° 44, pag. 65 et suiv.)

318. — Condition légale des étrangers devant les tribunaux Français. Division.

1° Le *Français, créancier d'un étranger* en vertu d'une obligation contractée soit en France, soit même en pays étranger, *peut-il actionner valablement cet étranger devant un tribunal français?* — L'affirmative est consacrée par l'art. 14. Motifs de cette exception à la règle, - *actor sequitur forum rei, (aut forum contractûs.)*

L'art. 14 est-il applicable aux gouvernements étrangers ? (Dev. 1849 — 1° — 81 ; Cass. 22 janvier 1849).

Devant lequel des tribunaux français devra être traduit l'étranger défendeur, en matière personnelle ?

Le Français peut-il, après avoir lui-même traduit l'étranger devant les tribunaux étrangers, le traduire de nouveau devant les tribunaux français ?

318 *bis*. — 2° Réciproquement, *un étranger* créancier d'un Français en vertu d'une obligation contractée soit en France, soit même en pays étranger, peut-il traduire valablement ce Français devant les tribunaux de France. —Solution affirmative donnée par l'art.15.— Développement de la règle.

318 *ter*. — 3° Garanties accordées aux Français dans les débats entre Français et étrangers, contre le danger de la disparition possible de l'étranger :

Il y avait autrefois la *contrainte par corps*, (lois du 17 avril 1832 et du 13 décembre 1848). Mais ces disposition ont été abrogées en matière commerciale, civile, et *contre les étrangers*, par l'art. 1 de la loi du 22 Juillet 1867. — Appréciation de cette mesure.

Aujourd'hui il y a encore la *caution judicatum solvi* : art. 16 : développement : voyez aussi les art. 166 et 167 du Code de procédure civile.

En quoi consiste la caution *judicatum solvi* ?

Par qui et à qui peut-elle être demandée ?

En quelles matières ?

A quel moment du procès la caution *judicatum solvi* doit-elle être réclamée ?

De quoi est-elle tenue ? Quelle est la limite de sa responsabilité ?

Dans quels cas l'étranger peut-il être exceptionnellement dispensé de fournir la caution *judicatum solvi* ? — Examen de diverses hypothèses.

318 *quater* 4°. Débats entre étrangers: Dans quels cas et sous quelles conditions les tribunaux français sont-ils compétents pour juger les contestations entre étrangers ? — Discussion de la question : étude de différentes espèces pratiques : renvoi aux art. 3 du Code Napoléon, et 420 al. 2 du Code de procédure civile : comp. ord. de la marine, Août 1681, et ord. du commerce, Mars 1673, tit. 12, art. 17.

Dans quels cas et sous quelles conditions les jugements, rendus par les tribunaux étrangers, deviennent-ils exécutoires en France? (Art. 2123, Code Napoléon et art. 546, Cod. proc. civ.) Controverse, quant au point de savoir si la mission des tribunaux français en pareille circonstance, consiste dans l'apposition d'un simple *visa* ou *pareatis*, ou bien s'il y a lieu de procéder à une *révision* complète du fonds (comp. M. Demolombe, t. I, n°^{s} 262-264 ; —M. Bonfils, De la compétence des tribunaux français à l'égard des étrangers, n°^{s} 242-287).

Effets des actes reçus par les officiers publics étrangers : art. 546, Cod. proc. civ., et 2128 Cod. Nap. : développements et conclusion.

CHAPITRE DEUXIÈME.

Position des étrangers admis par le chef de l'Etat à établir leur domicile en France

319. — Disposition de l'art. 13. (Comp. L. 3 Décembre 1849, art. 1, et L. 7 Aout 1850, art. 17.) Quels sont les *effets* de l'autorisation accordée par le chef de l'État, dans les termes de l'art. 13 ?

L'étranger, autorisé par le chef de l'Etat à s'établir en France y acquiert-il un véritable domicile ? — Controverse.

320. — Les effets de l'autorisation sont-ils personnels à l'étranger lui-même ? — Ou bien doivent-ils être étendus à sa femme, et à ses enfants nés ou conçus, soit avant, soit depuis l'autorisation accordée ? — Révocation de l'autorisation : L. 3 Décembre 1849, art. 3, 7 et 8.

Sous quelles conditions l'autorisation est-elle donnée ? (Douai, 9 Décembre 1829, Déc. 1832 - 2° — 648).

Appendice : — Condamnations pénales prononcées contre des étrangers. Leur influence sur les droits civils.

TITRE TROISIÈME.

DES ACTES DE L'ÉTAT CIVIL.

Décrété le 20 Ventôse an XI, promulgué le 30 Ventôse
(11-21 Mars 1803.)

321. — Ce titre sera étudié plus tard, après l'examen du titre troisième consacré au domicile. Toutefois il importe de signaler, par avance, un certain nombre de documents, (législatifs ou autres,) complémentaires, dont l'explication devra être ultérieurement fournie, savoir notamment:

1° Un avis du conseil d'Etat du 11 brumaire an XI, (3 novembre 1807) concernant les formalités à observer, pour inscrire sur les registres de l'état-civil, des actes qui n'y ont pas été portés dans les délais prescrits ;

2° La loi du 11 germinal an XI (1er avril 1803), relative aux prénoms et changements de noms ;

3° Une instruction du ministre de la guerre, en date du 24 brumaire an XII (16 novembre 1803), sur l'exécution des dispositions du du Code civil, applicables aux militaires de toute arme.

Voyez, du reste les différents documents rapportés,(dans les grands codes Tripier), au mot actes de l'état civil, an VIII, (année 1800), jusqu'à l'année 1833.

321 bis. — Depuis l'année 1833 (exclusivement) il importe de signaler :

1° La loi des 18-27 novembre, 10-18 décembre 1850, ayant pour objet de faciliter le mariage des indigents et la délivrance des actes de l'État civil les concernant.

2° Le décret du 24-27 janvier 1852, qui abroge celui du 29 février 1848, concernant les titres de noblesse.

3° Le décret du 19-29 octobre 1859 sur la légalisation des actes de l'état-civil en Algérie.

4° La loi du 10 juillet 1871, relative à la manière de suppléer aux actes de l'état-civil du département de la Seine détruits durant la commune.

5°. — La loi du 19 Juillet 1871, relative à la nullité des actes de l'Etat civil à Paris et dans le département de la Seine, depuis le 18 mars 1871.

6°. — La loi du 23 Août 1871, sur le même objet.

7°. — La loi du 12 février 1872, relative à la reconstitution des actes de l'État civil de Paris.

8°. La loi du 25 mai 1872, sur le même objet.

TITRE TROISIÈME.

DU DOMICILE.

(Décrété le 25 ventôse an XI, promulgué le 3 germinal (14-24 mars 1803.)

322. — Acception générale du mot *domicile*.

323. — Différentes espèces de domicile, — *politique* (art. 13, décret organique du 2 février 1852), — *relatif aux secours* publics (L. 24 vendémiaire, an II, tit. 5), — *civil*, (Art. 102 a 111, Cod. Civ).

324. — De l'importance qu'offrait, dans l'ancien droit, la détermination du domicile.

Son utilité encore aujourd'hui, tant au point de vue de l'intérêt public qu'au point de vue de l'intérêt privé : voy. les art. 60, 66, 95, 115, 165, 176, 363, 784, 793, 822, 1247, 2018, 1057, Cod. civ.; — les art. 2, 41, 59, 68, 986, 997, Cod. proc. civ.; — l'art. 105 du Code forestier.

325. — On distingue deux espèces de domicile civil; — 1° le domicile *réel* ou ordinaire, ou encore général; — 2° le domicile d'*élection* ou domicile extraordinaire, ou encore domicile spécial.

PREMIÈRE PARTIE.

DU DOMICILE RÉEL OU GÉNÉRAL.

326. — Division du sujet en trois chapitres.

CHAPITRE PREMIER.

Quels sont les caractères et les signes distinctifs du domicile ?

327. — Disposition de l'art. 102 : Comp. la loi 7, Cod. de *incolis* et la loi 27, § 1, ff. *ad municipalem*. Distinction du domicile et de la simple *résidence*.

328. — Peut-on avoir plusieurs domiciles à la fois ?
Peut-on n'en avoir aucun ?
Un Français peut-il transporter son domicile en pays étranger, de manière à ne plus conserver aucun domicile en France ?

329. — Un étranger peut-il acquérir en France un véritable domicile ? — Distinctions à faire : art. 13 Cod. civ. et art. 14, 15 du même Code.

CHAPITRE SECOND.

Des personnes qui peuvent choisir et déplacer, à leur gré, leur domicile : — sous quelles conditions ce changement de domicile peut-il s'opérer ?

330. Caractères du changement de domicile ; — comparaison avec la possession (art. 103, 104 et 105, Cod. civ.) — Domicile *acquis* ; — domicile *d'origine* : (art. 59 Cod., proc. civ. et 69 § 8 combinés).

En général, toute personne, maîtresse de ses droits, peut changer de domicile.

Ce changement, aux termes de l'art. 103, s'opère par le

fait d'une habitation réelle dans un autre lieu, joint à l'intention d'y fixer son principal établissement.

Comment se prouve l'intention ?

Il faut que le changement de domicile soit opéré à titre perpétuel et définitif ; — mais, est-il nécessaire que le fait de l'habitation dans un nouvel endroit ait eu une durée quelconque, ou bien la translation du domicile suit-elle immédiatement les déclarations faites d'après l'art. 104 ?

Quel doit être le caractère des circonstances, qui, à défaut de déclaration expresse, fournissent la preuve de d'intention ?

Que faut-il décider quant aux étudiants, mineurs ou même majeurs, qui s'établissent, à raison de leurs études, dans telle ou telle ville pourvue de *facultés* ? (L. 2, Cod. de incolis) ; — quant aux militaires en garnison ? (Art. 6, l. 28 février 1790 et art. 93, cod. civ.) ; — quant aux soldats retraités à l'Hôtel des Invalides ? — Quant aux avocats stagiaires ?

CHAPITRE TROISIÈME.

Des personnes auxquelles la loi assigne elle-même un domicile déterminé; en d'autres termes, du domicile légal ou forcé.

331. La loi, prenant en considération certaines relations fondées sur l'autorité ou sur la protection, détermine elle-même le domicile : — 1° Des fonctionnaires publics nommés à vie et inamovibles, (art. 106 et 107) ; — 2° de ceux qui servent ou travaillent habituellement chez une personne, lorsqu'ils demeurent avec elle dans la même maison, (art. 109) ; — des femmes mariées, (art. 108, al. 1) : — 4° — des mineurs non émancipés, (art. 108, al. 2) — 5° des interdits (art. 103 al. 3 Cod. civ. et art. 29 Cod. pén.).

Les fonctionnaires publics, nommés à vie et non révocables, ont, de plein droit, leur domicile dans le lieu de l'exercice de leurs fonctions. — Comment et à quelle époque s'opère, dans ce cas, la translation de domicile?

L'acceptation de fonctions publiques, temporaires ou révocables, n'emporte point translation de domicile.—Mais le titulaire ne perdra-t-il son ancien domicile qu'autant qu'il aura fait les deux déclarations mentionnées dans l'article 104 ?

Les majeurs, qui servent ou travaillent habituellement chez autrui, ont le même domicile que la personne qu'ils ervent ou chez laquelle ils travaillent, lorsqu'ils demeurent avec elle dans la même maison.

A quelles personnes s'applique l'article 109? — Vice de rédaction de ce texte.

Lorsque la cause sur laquelle est fondée l'attribution légale du domicile de droit vient à cesser, la personne ne recouvre pas l'ancien domicile qu'elle avait auparavant.

La femme mariée n'a pas d'autre domicile que celui de son mari.

Quid, dans le cas de séparation de corps? *Quid*, pendant l'instance même en séparation, lorsque la femme a été autorisée à se retirer du domicile conjugal?

Le mineur non émancipé a son domicile chez ses père et mère, ou tuteur. — Le mineur, après la dissolution du mariage, a-t-il son domicile chez le survivant de ses père et mère, si celui-ci n'est pas tuteur?

Le domicile du mineur change-t-il avec celui du tuteur. — Renvoi au titre de la tutelle.

Quel est le domicile de l'enfant naturel, mineur non émancipé? — *Quid*, de l'enfant de troupe?

L'interdit a son domicile chez son tuteur. — *Quid*, de l'individu à qui l'on a seulement nommé un conseil judiciaire?

Quid si la femme est nommée tutrice de son mari interdit?

— *Quid*, si un autre qu'elle-même est nommé tuteur ? Où sera, dans ce dernier cas, le domicile de la femme ?

DEUXIÈME PARTIE.

Du domicile d'élection ou domicile exceptionnel et spécial.

332. Utilité de l'élection de domicile : — cette élection peut avoir lieu, — soit en vertu de la *convention* spontanée des parties, (art. 111, cod. civ.),—soit en vertu d'une disposition formelle de la *loi*, (art. 176, 2148 Cod. Nap.; — art. 61, 422, 559, 584, 637, 673 Cod. proc. civ., etc.).

Nous n'avons à nous occuper ici que de *l'élection conventionnelle* de domicile : — disposition de l'art. 111 du Code Napoléon.

333 — Division du sujet en deux chapitres.

CHAPITRE PREMIER.

Caractère et effets de l'élection de domicile, considérée dans les rapports de celui qui l'a faite, avec la personne chez laquelle le domicile a été élu.

334. — Elle constitue entre eux une sorte de mandat.

Conséquences diverses de ce caractère : art. 2003, 2152, 2156, 1372, 1373, 2007, 2010.

CHAPITRE DEUXIÈME.

Caractère et effets de l'élection de domicile, dans les rapports respectifs des parties elles-mêmes, qui ont formé le contrat pour l'exécution duquel ce domicile a été élu.

335. — L'élection de domicile est une convention (article 1134) : — Peut-elle être faite par un acte distinct et postérieur au contrat principal ?

L'indication d'un lieu de paiement renferme-t-elle virtuellement une élection de domicile dans ce lieu ? (Art. 420 Cod. proc. civ.).

Quid du pouvoir donné à un mandataire d'élire domicile, si le mandataire n'a pas fait cette élection ?

Une société commerciale, qui a un établissement principal dans un lieu, et des succursales dans d'autres lieux, doit-elle être considérée comme ayant fait élection de domicile dans ses succursales ?

Conséquences diverses du principe que l'élection de domicile porte, entre les parties contractantes, le caractère d'une clause conventionnelle se rattachant à l'acte principal, qui a donné lieu à l'élection : voy. les art. 1134, 1856, 111, 1122, 2150, 1165, 1156, etc.

336. — Dans quels cas l'élection de domicile est-elle seulement attributive de compétence ? — Dans quels cas est-elle, en outre, efficace au point de vue des significations, demandes et poursuites relatives à l'acte objet de l'élection ? — Distinction à faire suivant, que le domicile a été élu avec ou sans l'indication accessoire d'un mandataire (M. Demol., t. I, n° 377).

337. — Il est facultatif pour le demandeur d'assigner la partie qui a fait l'élection de domicile, soit devant le juge du domicile élu, soit devant le juge de son domicile réel. (Art. 111 Cod. civ. et 59 Cod. proc. civ.) : — exception toutefois pour le cas où le domicile aurait été élu, soit dans l'intérêt commun des parties, soit, à plus forte raison, dans l'intérêt exclusif du défendeur.

Le paiement de l'obligation peut-il être fait au domicile élu ?

338. — Les significations et poursuites qui tendent à la *rescision* de l'acte, peuvent-elles être faites au domicile élu et devant le juge de ce domicile ?

339. — La signification du jugement, qui condamne le débiteur à exécuter l'obligation, peut-elle être faite au domicile élu ?

340. — *Quid*, de la signification du transport de l'obligation ?

841. — Doit-on accorder à la partie assignée au domicile élu une augmentation de délais, à raison de la distance entre le domicile élu et son domicile réel ?

332. — Enumération des différences à signaler entre le domicile *réel* et le domicile d'élection ?—Parallèle.

Douai.—Imprimerie L. Crépin, 2', rue de la Madeleine.

www.ingramcontent.com/pod-product-compliance
Lightning Source LLC
LaVergne TN
LVHW020108100426
835512LV00040B/2142